Stefan Herbke

DIE SCHÖNSTEN

TAGESAUSFLÜGE
IM FÜNFSEENLAND

Baden · Wandern · Segeln · Einkehr · Kultur

J. BERG

Inhalt

Herbststimmung am Maisinger See.

Freizeitziel Ammersee: Über dem in der Sonne glitzernden Wasser erhebt sich das Kloster Andechs.

Pilgerstätte für Wallfahrer und Ausflügler – der »Heilige Berg« mit dem Kloster Andechs.

Einzigartige Landschaft

Im Starnberger Fünfseenland zeigt sich Oberbayern von seiner schönsten Seite. Zwischen der Millionenstadt und den Alpen, zwischen Ammer und Isar, liegen die – nomen est omen – fünf Seen des Fünfseenlandes, eingebettet in eine abwechslungsreiche Landschaft mit sanften Moränenhügeln, umgeben von schattigen Wäldern, saftigen Wiesen, weitläufigen Moorflächen und malerischen Orten.

Eine Bilderbuchlandschaft mit bequemen Wanderwegen.

Eine Landschaft, in die sich schon der Adel und viele Künstler wie Brahms oder Wagner sowie Schriftsteller wie Oskar Maria Graf verliebten. Elisabeth, besser bekannt als Sisi, wuchs im Schloss Possenhofen auf und kehrte auch später immer wieder zurück an den Ort ihrer Kindheit. Selbst König Ludwig II. zog es trotz seiner fantastischen Märchenschlösser immer wieder zum »Fürstensee«, in dem sein Leben letztlich so tragisch endete.

Sie alle waren fasziniert und gefangen von dieser einzigartigen Landschaft – eine Landschaft, die erst viele Millionen Jahre nach Entstehung der Alpen ihr heutiges Gesicht bekam. Riesige Eiszungen schürften während der Riss- und Würmeiszeit die länglichen Becken aus, die heute von Starnberger See und Ammersee ausgefüllt werden. Die Gletscher hinterließen außerdem mächtige Eisblöcke, in deren Schmelztrichter sich heute der Weßlinger See oder die 19 Wasseraugen der Osterseen befinden. Und selbst die sanfte Hügellandschaft links und rechts der Seen wurde geformt und gestaltet durch die Eisströme, die gewaltige Geröllmassen ablagerten und zu Moränen aufhäuften.

Im heutigen Fünfseenland kann die Seele wieder Kraft tanken. Die Landschaft ist lieblich und harmonisch, aber dennoch nie langweilig.

Ein Traumtag zum Wandern, Blick über Iffeldorf bis zu den Alpen.

Und die Natur besitzt einen hohen Stellenwert. Denn zwei Drittel der Fläche stehen unter Landschaftsschutz (zusammen 35.000 Hektar), es gibt neun Naturschutzgebiete mit über 1.000 Hektar Fläche, über 80 Naturdenkmäler wie Bäume, Wiesen, Moose und Gehölze sowie mehr als 30 verschiedene Lebensraumtypen wie Nasswiesen, Hochmoore, Auwälder oder Hecken. Auf der anderen Seite ist das Fünfseenland aber auch ein ideales Freizeitgebiet, und das 365 Tage im Jahr. Durch die Bilderbuchlandschaft führen viele Wege und

Die Fischerei war in Dießen am Ammersee ein wichtiger Erwerbszweig.

Straßen, die zu variantenreichen, nicht zu anstrengenden Wander- und Radtouren geradezu einladen. Am Ufer der glasklaren Seen gibt es viele lauschige Plätzchen zum Sonnenbaden und für einen Sprung ins erfrischende Nass, die guten Windverhältnisse ziehen Surfer und Segler an, die ausgedehnten Uferpromenaden laden ein zum Flanieren, mit den Schiffen der Bayerischen Seenschifffahrt geht es gemütlich über den Ammer- und Starnberger See, und im Winter frieren die kleineren Seen wie Wörth- und Pilsensee schnell zu und locken Schlittschuhläufer und Eissegler auf die Eisfläche.

Freizeitziele in der Natur sind nur die eine Seite des Fünfseenlandes, daneben gibt es auch für Kulturfreunde viel zu entdecken: eindrucksvolle Schlösser und alte Adelshäuser, reich geschmückte Kirchen und Klöster, interessante Museen wie die neue Sammlung Buchheim. Selbstverständlich laden auch viele gemütliche Wirtshäuser und Biergärten zur Einkehr ein, an erster Stelle steht dabei Andechs mit seinem Klosterstüberl.

Auch wenn Liebe bekanntlich durch den Magen geht – um die Beliebtheit dieses Landstrichs zu erklären, reicht diese Weisheit nicht aus. Eher schon, dass das Starnberger Fünfseenland auf kleinem Raum die ganze Pracht Oberbayerns zeigt – eben Bayern wie aus dem Bilderbuch.

Stefan Herbke

In Erling steht der Maibaum gleich neben der Kirche.

Nächste Doppelseite:
Fertig zum Ablegen – am Starnberger See.

5

Starnberger See

1

Der Starnberger See

Wissenswertes

■ **Auto** Mit dem Auto über die A 95 und A 952 nach Starnberg; mit der S-Bahn (S 6) bis Starnberg oder weiter nach Tutzing.
■ **Parken** Bei den Badeplätzen.
■ **Baden** Strandbäder in Starnberg, Feldafing, Bernried und Seeshaupt, zahlreiche Badeplätze rund um den See.
■ **Wasserqualität** Gut.
■ **Wassersport** Segelschulen in Possenhofen, Tutzing, Bernried, Münsing–St. Heinrich; Surfschulen in Starnberg, Münsing–St. Heinrich, Niederpöcking, Tutzing; Tauchschulen in Starnberg und Berg-Bachhausen.
■ **Für Kinder** Spielmöglichkeiten in den Strandbädern.
■ **Einkehr** Cafés und Gaststätten rund um den See.

Schon der Adel schätzte das Flair des Sees vor den Toren Münchens. Heute folgen die Städter den hoheitlichen Spuren und ziehen zu Tausenden an die Ufer des »Fürstensees«.

Der größte See des Starnberger Fünfseenlandes steht auch in der Beliebtheit an erster Stelle. Die traumhafte Lage des Starnberger Sees inmitten einer bilderbuchartigen Voralpenlandschaft hat die Menschen schon immer magisch angezogen. Der Anziehungskraft konnte sich natürlich auch der Adel nicht entziehen. Vor allem die Wittelsbacher verewigten sich am zweitgrößten See Bayerns – nur der Chiemsee ist noch größer – mit Schlössern, Anwesen und Landsit-

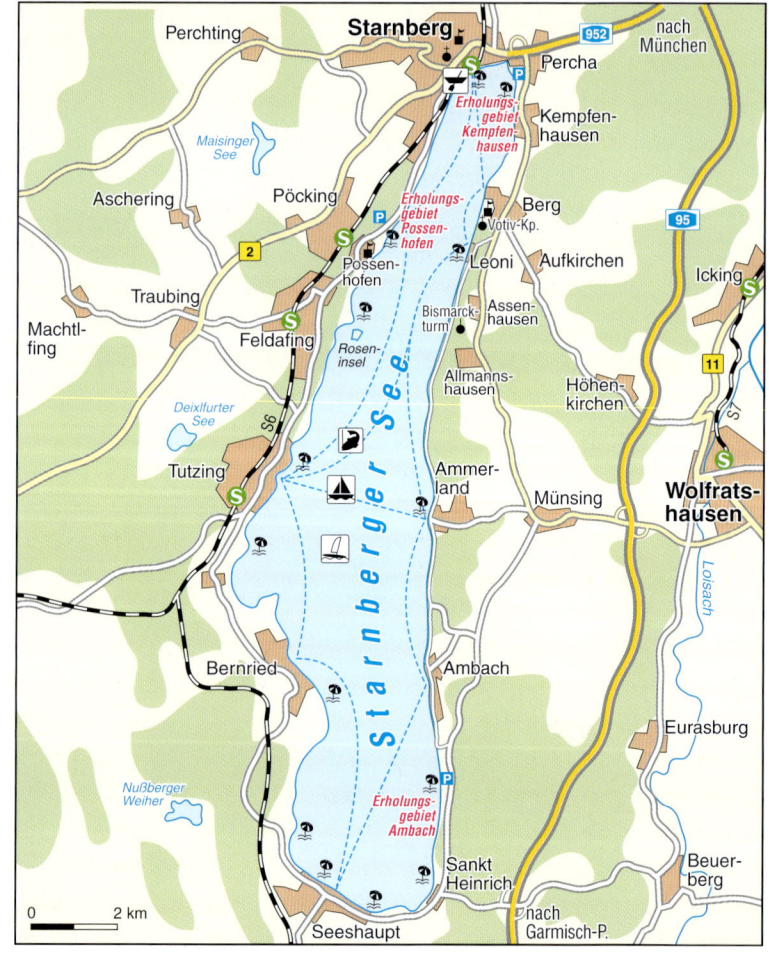

zen. Der Starnberger See wandelte sich dabei vom Erholungsgebiet zum Vergnügungszentrum der Fürsten von Bayern – und wurde daher in der Folge auch häufig Fürstensee genannt. Für seine Gattin Henriette Adelheid von Savoyen ließ Kurfürst Ferdinand Maria im 17. Jahrhundert den »Bucentaur«, eine Kopie des Krönungsschiffes der venezianischen Doge, bauen. Mit diesem faszinierenden Prachtschiff und einer Lustflotte von 17 Schiffen kreuzten sie dann übers Wasser, genossen das Leben und feier-

Die »Tower-Bridge« von Starnberg: die hölzerne Nepomukbrücke.

ten die ersten Seefeste. Fast 100 Jahre fuhr das stolze Schiff über den Starnberger See, ehe es dann 1758 aufgrund zu hoher Reparaturkosten eingemottet wurde.

Im Auftrag von König Max II. wurde das Dampfschiff »Tristan« gebaut, mit dem Ludwig II. den See erkundete. Der Märchenkönig fühlte sich wohl am Starnberger See und weilte daher im Sommer oft auf Schloss Berg. Allerdings endete hier auch auf tragische Weise das Leben des Königs, sein rätselhafter Tod im Starnberger See beschäftigt bis heute Ludwig-Verehrer und Historiker. Auf der anderen Seeseite, im Schloss Possenhofen, lebte eine andere historische Berühmtheit: Elisabeth, die spätere Kaiserin Sisi von Österreich, wuchs hier auf und kehrte auch als Kaiserin immer wieder in den Sommermonaten zurück an den Ort ihrer Kindheit. Neben dem Adel schätzten aber auch Künstler und Schriftsteller den Starnberger See und ließen sich hier inspirieren.

Von seiner Anziehungskraft hat der Starnberger See bis heute nichts verloren. Dazu trägt natürlich die verkehrsgünstige Lage bei. An schönen Tagen und an Wochenenden zieht es Heerscharen aus der Stadt hinaus an den See. Viele verbringen hier ihre Freizeit, andere bleiben sogar ganz und verlegen ihren Wohnsitz nach Starnberg oder in eine der Seegemeinden.

Ebenso wie die anderen Seen des Fünfseenlandes ist der zungenförmige Starnberger See ein Relikt der Eiszeit. Das längliche Becken des 5.636 Hektar großen Gewässers, das wie ein Finger das Bindeglied zwischen München und dem Alpenrand darstellt, wurde während der Würmeiszeit von einem riesigen Gletscher ausgehoben. Früher reichte das Wasser im Norden bis Leutstetten, heute endet der See bei

■ **Postkutschenreisen**

Wer nicht seetüchtig ist kann das Hinterland des Starnberger Sees mit einer Original-Postkutsche erkunden. Zwei- und viertägige Reisen führen auf stillen Seitenwegen fernab vom Verkehr um den See, durch Wälder, Parks und am Seeufer entlang. Infos: »Coaching in Bavaria«, Andreas Nemitz, Kerschlach 6, 82396 Pähl, Tel. 0 88 08/3 86, Fax: 13 49, www.coaching-in-bavaria.com

Starnberg, dreieinhalb Kilometer weiter südlich. Die Ausmaße sind aber immer noch gewaltig: In der Länge werden 21 Kilometer gemessen, in der Breite zwischen drei und fünf Kilometer, und südwestlich von Allmannshausen findet man mit 127 Metern die tiefste Stelle. Ungewöhnlich für ein Gewässer dieser Größe ist der fehlende Zufluss. Lediglich mehrere unterirdische Quellen und kleine Bäche speisen den Starnberger See, der nach Norden von der Würm entwässert wird.

Bekannt ist der Starnberger See schon seit langem für seinen Fischreichtum. Ende des 17. Jahrhunderts wurden die Renken sogar bis nach Prag geschickt. Für die Fischer ist die Renke nach wie vor die wichtigste Fischart, auch wenn sie nicht mehr so oft ins Netz geht wie früher. Ansonsten schwimmen im sauberen Wasser – es hat Trinkwasserqualität – noch Aal, Rotauge, Brachse, Seelaube, Zander, Hecht und Seeforelle. Bei Unterzeismering, an der breitesten Stelle des Sees, öffnet sich der Karpfenwinkel. Die geschützte Bucht mit ihrem warmen Wasser ist ein beliebtes Laichgebiet.

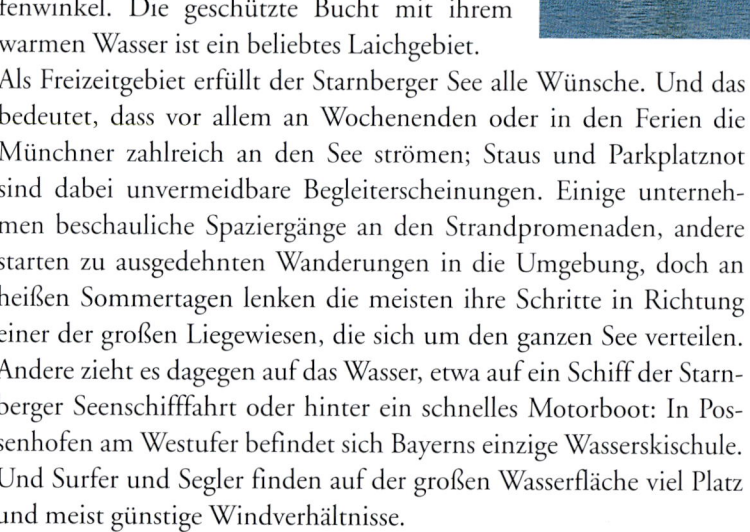

Als Freizeitgebiet erfüllt der Starnberger See alle Wünsche. Und das bedeutet, dass vor allem an Wochenenden oder in den Ferien die Münchner zahlreich an den See strömen; Staus und Parkplatznot sind dabei unvermeidbare Begleiterscheinungen. Einige unternehmen beschauliche Spaziergänge an den Strandpromenaden, andere starten zu ausgedehnten Wanderungen in die Umgebung, doch an heißen Sommertagen lenken die meisten ihre Schritte in Richtung einer der großen Liegewiesen, die sich um den ganzen See verteilen. Andere zieht es dagegen auf das Wasser, etwa auf ein Schiff der Starnberger Seenschifffahrt oder hinter ein schnelles Motorboot: In Possenhofen am Westufer befindet sich Bayerns einzige Wasserskischule. Und Surfer und Segler finden auf der großen Wasserfläche viel Platz und meist günstige Windverhältnisse.

Hungrige Graugänse warten auf tierliebe Touristen.

Touristischer Hauptanziehungspunkt ist natürlich Starnberg. Hier pulsiert das Leben, viele flanieren über die Seepromenade, rasten auf den Bänken und genießen den Blick über den See bis hin zu den Alpengipfeln. Oder sie besuchen den Starnberger Wasserpark mit

Strandbad, Hallenbad mit Wasserrutsche, Kleinkinderbecken, Spru-
delbecken, Sauna, Dampfbad und Solarium – vor allem Familien mit
Kindern schätzen die zahlreichen Einrichtungen, die keine Langewei-
le aufkommen lassen.

Am nordöstlichen Ende des Sees befindet sich bei Percha das vom
»Verein zur Sicherstellung überörtlicher Erholungsgebiete in den
Landkreisen um München e. V.« betreute Erholungsgebiet
Percha/Kempfenhausen. Entlang eines 1,2 Kilometer langen Ufer-
streifens finden Badegäste 65.000 Quadratmeter Liegewiesen. Ein
zweites, noch größeres Freizeitgelände betreut der Verein in Ambach
am Ostufer des Starnberger Sees. Weitere Badeplätze gibt es bei Berg,
Münsing – mit alten, schattenspendenden Bäumen –, am Südende
des Sees bei Seeshaupt sowie bei Bernried, Tutzing, Feldafing und
Possenhofen, wo ein Teil des ehemaligen Schlossparks als Liegewiese
genutzt wird. Dort, wo früher Kaiserin Sisi spazieren ging, liegt man
heute angenehm unter alten Eichen und Buchen – einen schöneren
Ruheplatz gibt es an heißen Tagen nicht.

*Tutzing, Ausgangspunkt für
viele Touren ins Fünfseenland.*

Rundgang durch Starnberg

Das kleine Fischerdorf wandelte sich zu einem beliebten Ausflugs- und Wohnort vor den Toren Münchens mit hohem Freizeitwert.

■ **Fischerstechen**

Das Fischerstechen, bei dem der Gegner mit einer langen Holzstange aus dem Boot ins Wasser gestoßen werden soll, geht zurück auf das so genannte »Panzenstechen«, ein Wettbewerb, bei dem ein auf einen Pfahl im See gestülptes Holzfass (Panzen) getroffen werden sollte. Mehrere Teilnehmer umkreisten dabei mit Booten den Pfahl, Sieger wurde derjenige, der das Fass mit einem Stoß zum Zerbersten brachte.

Bei Sturm und bei Flaute, an Wochenenden oder unter der Woche, der Starnberger See ist bei Seglern äußerst beliebt.

Wer Starnberg am Nordufer des Starnberger Sees heute betrachtet, wird sich nur schwer vorstellen können, dass diese belebte Stadt einst ein kleines, eher unbedeutendes Fischerdorf war. Die erste urkundliche Erwähnung stammt aus dem Jahre 1226. Die damals bereits existierende Burg der Andechser Grafen wurde 1246 von den Wittelsbachern erobert, die sie zu einem Schloss ausbauten. Den Wittelsbachern ist auch der Aufschwung des Ortes im 15. und 16. Jahrhundert zu verdanken. Starnberg wurde zu einem beliebten Sommersitz der Herzöge, mehrere Landsitze und Schlösser entstanden in dieser Zeit, und auf dem See wurden fröhliche Feste gefeiert. Ein Höhepunkt waren dabei sicherlich die Seepartien auf dem Prunkschiff »Bucentaur«, das von 1663 bis Mitte des 18. Jahrhunderts über den Starnberger See kreuzte. Das von Ruderern angetriebene Schiff bot bis zu 500 Personen Platz. Im Zusammenhang mit den Festen und dem dafür benötigten Personal stieg die Einwohnerzahl Starnbergs stetig an.

Mitte des 19. Jahrhunderts wurde der Starnberger See als Münchner »Sommerfrische« entdeckt. Mit der Eröffnung der Eisenbahnlinie von München nach Starnberg 1854 war der See einfach und schnell zu erreichen. Wohlhabende Münchner verlegten ihren Wohnsitz nach Starnberg – einige der prachtvollen Villen sind noch heute zu bewundern –, Maler und Musiker wie Franz von Lenbach, Richard Wagner oder Johannes Brahms zog es hinaus an den Starnberger See.

Heute pulsiert das Leben in der Stadt, die an schönen Tagen von Erholungssuchenden geradezu gestürmt wird. Viele durchfahren auf ihrem Weg ins Fünfseenland die Stadt, andere starten von hier an den See, flanieren über die Seepromenade oder starten mit dem Schiff zur Rundfahrt über den See. Der

Interessant und anschaulich – das Heimatmuseum in Starnberg.

■ Wasserpark Starnberg

Auch bei schlechtem Wetter muss in Starnberg keiner auf sein Badevergnügen verzichten. Statt in den See geht es dann in den Wasserpark Starnberg, in dem ein Hallenbad mit 25-Meter-Sportbecken (28° C) und 1- und 3-Meter-Brett, ein Mehrzweckbecken (29° C) mit 49-Meter-Wasserrutsche und ein Kleinkinderbecken (32° C) untergebracht sind. Zusätzlich gibt es zwei Warmwassersprudelbecken (34° C), zwei Saunen, Solarium und – bei sommerlichem Wetter – das Strandbad mit großer Liegewiese und Zugang zum Starnberger See. Infos: Wasserpark Starnberg, Tel. 0 81 51/1 26 66.

See ist natürlich der Hauptanziehungspunkt, doch abseits davon gibt es ebenfalls einiges zu entdecken.

Mittelpunkt Starnbergs ist der Kirchplatz vor der Pfarrkirche St. Maria. Das einst von den Wittelsbachern bewohnte Schloss Starnberg, das weithin sichtbar auf einem steilen Hügel thront und einen beeindruckenden Blick auf den See bietet, ist heute Sitz des Finanzamtes. Über dem Eingangsbogen ist ein Halbrelief der »Bucentaur« zu sehen. Vom mit hohen Mauern eingefassten Schlossgarten aus lässt sich eine Aussichtsplattform erreichen, von der man einen guten Blick über den See hat. Unbedingt sehenswert ist die Josefskirche am Ende des Schlossgartens. Der Rokoko-Hochaltar in der 1765 im Auftrag von Maximilian III. errichteten Pfarrkirche stammt von Ignaz Günther. Unweit des Ufers befindet sich in der Bahnhofstraße das Heimatmuseum, in dem unter anderem ein Modell der »Bucentaur« zu bewundern ist. Die angrenzende Bahnlinie mit dem 1886 fertig gestellten Bahnhof liegt direkt am See und ist natürlich ideal, um Starnberg und seinen See mit öffentlichen Verkehrsmitteln zu erreichen, andererseits durchschneidet die Bahntrasse den Ort regelrecht und wirkt als Barriere zwischen See und Starnberg.

Die Gallionsfigur der »Bavaria« an der Seepromenade.

3 Mit dem Schiff über den Starnberger See

Wissenswertes

■ **Schifffahrt Starnberger See**
Regelmäßiger Linienverkehr sowie Rundfahrten von Mitte April bis Mitte Oktober. Verschiedene Erlebnisfahrten wie Jazz-Frühschoppen, Sonnwendfahrt, Kirchweihfahrt oder, während der Sommermonate, jeden Samstagabend Tanzrundfahrten auf der MS »Seeshaupt«. Neben der MS »Seeshaupt«, mit 900 Plätzen das mit Abstand größte Schiff auf dem See, werden noch die MS »Bayern« und die MS »Bernried« mit 700 bzw. 300 Plätzen eingesetzt. Die vom Tegernsee an den Starnberger See überführte MS »Phantasie« verkehrt als Museumslinie zwischen Starnberg und Bernried.
Infos: Dampfschiffstr. 5, 82319 Starnberg, Tel. 08151/12023 und 8061, www.seenschifffahrt.de

Im Mai 1851 begann für Ausflügler und Anwohner die Ära der Schifffahrt auf dem Starnberger See, die bis heute zu den beliebtesten Attraktionen am See zählt.

Den Starnberger See mit all seinen Facetten zu erleben ist mit dem Schiff am einfachsten. Denn wer den See auf Uferwegen umrundet, wird häufig feststellen müssen, dass der Zugang zum See nicht immer möglich ist, dass Bäume oder Häuser die Sicht einschränken, dass einige historisch bedeutsame Häuser in Privatbesitz sind und nur vom See aus zu betrachten sind und dass einige Sehenswürdigkeiten erst vom Wasser aus so richtig zur Geltung kommen. Und vor allem, sich mit dem Schiff über den rund 21 Kilometer langen See schippern zu lassen, ist bei weitem die bequemste Art, den zweitgrößten See Bayerns zu erkunden.

Die Starnberger Schifffahrt begann im Mai 1851, trotz Protesten der Fischer, die bis dahin für den Transport der Anwohner, Wallfahrer und Gäste zuständig waren und davon – neben dem Ertrag aus dem Fischfang – ganz gut leben konnten. Das erste Dampfschiff, der 33 Meter lange Raddampfer »Maximilian«, bot bereits Platz für 300 Passagiere und umrundete in dreieinhalb Stunden den Starnberger See. Die Nachfrage war groß, die Menschen drängten sich bei schönem Wetter um die wenigen Plätze, und so wurde 1872 bereits das nächste Dampfschiff in Betrieb genommen, weitere folgten in den Jahren 1878, 1886 und 1890. Die Ausstattung der Schiffe war nobel, ja fast luxuriös. Die Fahrgäste konnten sich über mit Samt ausgeschlagene Möbel freuen, über goldgerahmte Spiegel und vergoldete Säulen – eine Schifffahrt war damals ein echtes Erlebnis. Mit dem ersten Motorschiff im Jahre 1926 endete schließlich die Ära der Dampfschiffe. Die heutigen Schiffe sind eher nach funktionellen Gesichtspunkten gestaltet, von Prunk oder Luxus keine Spur. Ideal ist die Große Rundfahrt mit einem der vier Schiffe der Starnberger Seeschifffahrt, die auf der rund dreistündigen Tour neun Uferorte berührt und damit den kompletten Starnberger See abdeckt. Wer nicht so viel Zeit investieren will, kann auch Kurzrundfahrten zwischen Starnberg, Berg, Leoni und Possenhofen unternehmen und trifft dabei immer wieder auf Spuren von König Ludwig II.

Volle Kraft voraus – mit dem Schiff über den Starnberger See.

Kurs auf Starnberg – am Starnberger See.

Auch wenn mit König Ludwig II. in erster Linie die Schlösser Neuschwanstein, Linderhof oder Herrenchiemsee in Verbindung gebracht werden, der Starnberger See spielte im Leben des Märchenkönigs eine entscheidende Rolle. König Ludwig II. zog es regelmäßig an den See. Er wohnte dabei häufig in Schloss Berg, das ihm als Sommerresidenz diente und in dem er des Öfteren Richard Wagner empfing. Der König schätzte den sich häufig in Geldnot befindlichen Komponisten und unterstützte ihn finanziell, sogar ein Haus im nahen Kempfenhausen wurde für ihn angemietet.

Auf Schloss Berg verbrachte Ludwig II. auch die letzten Tage seines Lebens. Die Votivkapelle, die an seinen ungeklärten Tod erinnert, ist besonders gut vom Schiff aus zu betrachten, ebenso das Kreuz an der Stelle, an der Ludwig II. am 13. Juni 1886 ins Wasser ging. Das Schloss selbst befindet sich in Privatbesitz und kann daher von innen nicht besichtigt werden. Auch das mittlerweile in Privatbesitz befindliche Schloss Possenhofen, in dem Sisi, die Kaiserin von Österreich, als Tochter des Herzogs Max einen Großteil ihrer Kindheit und Jugend verbrachte, sieht man vom Schiff aus am besten.

4 Durchs Würmtal

■ **Idyllische Bootsfahrt**
Romantisch ist die abendliche Bootsfahrt »Glühwürmchen« mit Lampions und Prosecco auf der Würm durch das Leutstettener Moos (ca. 1–1.30 Std.), danach Einkehrmöglichkeit in die Schlossgaststätte Leutstetten oder den Jazzbiergarten im Gasthof Obermühltal. Infos: Action & Funtours, Paul-Hey-Straße 16, 82131 Gauting, Tel. 089/8505904, Fax 8509406, www.action-funtours.de

Nördlich vom Starnberger See erwartet die Ausflügler eine traumhafte Moor- und Naturlandschaft und in Mühlthal ein beliebter Biergarten.

Starnberg ist ein idealer Ausgangspunkt für Ausflüge in die herrliche Umgebung. In alle Himmelsrichtungen können Wanderer und Radfahrer aufbrechen, doch die meisten zieht es nach Süden. Nördlich von Starnberg wird es ruhig und einsam. Das hat schon König Ludwig II. gewusst, der lieber auf dem kleinen Bahnhof Mühlthal unbemerkt ausstieg, als auf dem Starnberger Bahnhof einen Massenauflauf hervorzurufen.

Von Starnberg aus wandert man auf der Promenade am Nordufer des Sees entlang nach Percha. Noch schnell unter der Autobahn durch, und gleich hinter den Häusern von Heimatshausen taucht man ein in

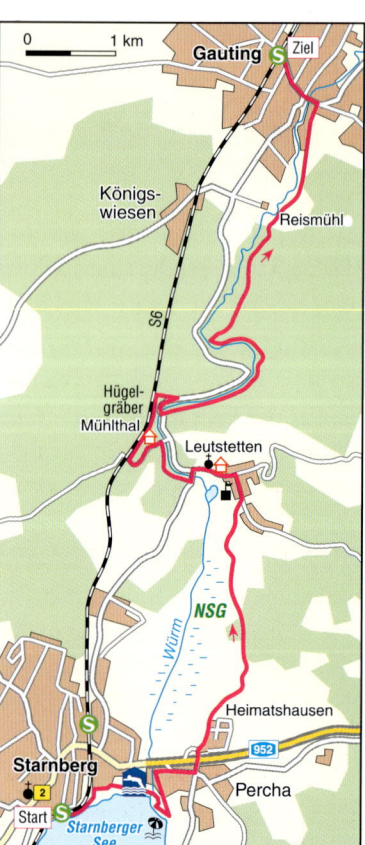

die wundervolle Natur des Würmtals. Die von der Würm durchflossenen Feuchtwiesen, einst vom Starnberger See bedeckt, stehen unter Naturschutz. Über Wiesen und durch Wälder wandert man gemütlich dahin, bis man bei Leutstetten auf die Endmoränenwälle der letzten Eiszeit trifft. Am Fuß dieser mächtigen, heute unter einem dichten Wald verborgenen Aufschüttungen befindet sich das in Privatbesitz befindliche Schloss Leutstetten, versteckt hinter den Bäumen eines großzügigen Parks. Unübersehbar ist dagegen die Schlossgaststätte, in der sich auch Prominente sehr wohl fühlen.

Hinter Leutstetten hat sich die Würm ein enges Tal gegraben, das nur wenig Platz lässt für Straße, Fluss und Spazierweg.

Dennoch, der Weg verläuft nur kurz neben der Straße, zum Großteil wandert man auf dem gegenüberliegenden Ufer, immer neben der munter plätschernden Würm, und doch zieht es einen bald hinauf zu einem einladenden Wirtshaus. Etwas anstrengend ist der Weg zum Wirtshaus Obermühltal allerdings schon, denn es liegt nicht im Tal, sondern oben, bei der S-Bahn-Station. Ein Abstecher ist dennoch lohnend. Zum einen stammt das rote Bahnhofsgebäude aus dem Beginn des Eisenbahnzeitalters – der Oberpfälzer Johann Ulrich Himbsel baute 1854 die Bahnlinie von München zum Starnberger See –, zum anderen ist das Wirtshaus mit seinem Biergarten (an Wochenenden kommen dort Jazz-Liebhaber auf ihre Kosten) wirklich gemütlich.

Westlich des Bahngleises nach Gauting versteckt sich im Wald ein großes Hügelgräberfeld. Zu erkennen sind die 60 Gräber aus der Bronze- und Hallstattzeit an den leichten, bis zu einem halben Meter hohen Hügeln am Waldboden. Zurück im Würmtal führt der Weg weiter nach Gauting, einer der ältesten Siedlungen in der Gegend.

Ein beliebter Treffpunkt für Radler und Wanderer.

Bild oben: Immer gut besucht – der Biergarten in Leutstetten.

5 Die Maisinger Schlucht

Wissenswertes

■ **Ausgangspunkt** Bahnhof Starnberg (587 m).
■ **Anfahrt** Mit dem Auto auf der A 95 und A 952 nach Starnberg und zum Bahnhof (Parkmöglichkeiten, gebührenpflichtig). Begrenzte Parkmöglichkeiten auch beim Wasserwerk, Zufahrt von der Söckinger Straße durch die Maisinger-Schlucht-Straße. Mit der S-Bahn (S 6) nach Starnberg
■ **Endpunkt** Wie Ausgangspunkt.
■ **Zeitaufwand** 2–2.30 Std. **Einkehrmöglichkeiten Einkehrmöglichkeiten** Gasthaus Georg Ludwig in Maising, Gasthäuser in Söcking und Starnberg.

Unter dem schattigen Dach eines schönen Mischwaldes wandert man gemütlich hinauf zum Maisinger See – eine der schönsten Wanderungen rund um Starnberg mit Einkehr in einem zünftigen Wirtshaus.

Wer die Landschaft im Starnberger Fünfseenland betrachtet, wird sich bei der Bezeichnung »Maisinger Schlucht« eines leichten Schmunzelns nicht erwehren können. Denn die Landschaft mit ihren malerischen Seen und sanften Hügeln ist in erster Linie lieblich, von einer Schlucht ist nichts zu sehen. Dennoch, in den Maßstäben des Fünfseenlandes gemessen, verdient der tiefe Taleinschnitt zwischen Maising und Starnberg diese Bezeichnung durchaus.

Fast 100 Meter beträgt der Höhenunterschied zwischen See und der Hochfläche über dem Nordwestufer; das ergibt genug Reliefenergie, mit der sich der Maisinger Bach in Tausenden von Jahren seine »Schlucht« gegraben hat. Eingebettet in dichte Wälder versteckt sich dieser Taleinschnitt, nur wer mit dem Auto auf der Umgehungsstraße nach Söcking unterwegs ist, kann von der mächtigen Brücke einen kurzen Blick in den Graben erhaschen. Doch von oben sieht man nur Bäume; um die landschaftlichen Feinheiten zu entdecken, muss man sich schon zu Fuß auf den Weg machen.

Ausgangspunkt für diese kurzweilige Wanderung ist der Starnberger Bahnhof. Nach einem kurzen Bummel entlang der Straße nach Söcking folgt man den Wegweisern »Maisinger Schluchtweg« und erreicht den breiten Wiesenboden am Ausgang der Maisinger

Bild Seite 19: Neben dem Wanderweg lädt eine Kapelle zur besinnlichen Rast ein.

Baumeister der Schlucht: der Maisinger Bach.

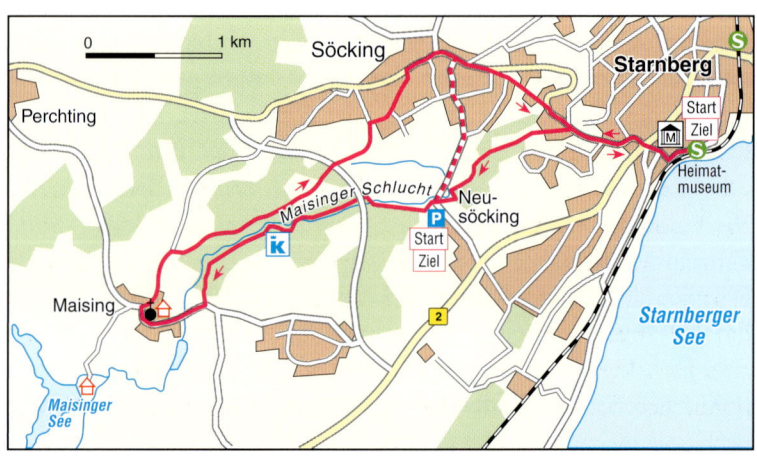

Schlucht. Das anfangs noch breite Tal wird schnell schmal, die dicht bewaldeten Hänge rücken näher heran, und spätestens, wenn hoch oben die Straßenbrücke das Tal überspannt, fühlt man sich wie in einer Schlucht. Die steilen Hänge links und rechts des Talbodens sind immer wieder durchsetzt mit kleinen Nagelfluh-Felsstufen, und dazwischen findet das Auge allerlei seltene Blumen und Vögel. Neben dem munter plätschernden Bach führt der breite Weg bequem taleinwärts. Ein angenehmes Wandern ist das hier, vor allem an heißen Sommertagen ist es auf dem Weg im Schatten der Bäume wohltuend frisch.

Oben in dem kleinen Dörfchen Maising, in dessen Filialkirche Sankt Bartholomäus interessante Fresken aus der Spätromantik zu bewundern sind, lockt das gemütliche Gasthaus Georg Ludwig zur Einkehr, ehe man die Wanderung entweder ausdehnt und noch die Runde um das Naturschutzgebiet und Vogelparadies Maisinger See anhängt oder zurückwandert. Lohnend ist dabei der bequeme Weg über dem nördlichen Schluchtrand, der durch einen traumhaften Laubwald nach Söcking und Starnberg führt.

■ **Heimatmuseum Stadt Starnberg**
Unweit des Bahnhofs befindet sich seit 1914 in einem uralten Holzhaus das Heimatmuseum. Rund 800 Exponate geben einen geschichtlichen Überblick über die Entwicklung Starnbergs. Unter anderem ist ein Modell der »Bucentaur« im Maßstab 1:20 zu sehen.
Öffnungszeiten: Dienstag bis Sonntag von 10 bis 12 und 14 bis 17 Uhr, Montag Ruhetag, im Februar geschlossen, Führungen nach Vereinbarung, Tel. 0 81 51/77 21 32.

6

Rund um den Maisinger See

Wissenswertes

■ **Ausgangspunkt** Maisinger See (635 m).
■ **Anfahrt** Mit dem Auto auf der A 95 und A 952 nach Starnberg und den Wegweisern Weilheim (B2) folgend zur Abzweigung Standortübungsplatz/Maising, hier rechts ab und entlang des Übungsplatzes nach Maising, am Ortsausgang links ab zum Parkplatz am Maisinger See. Mit der S-Bahn (S 6) bis Starnberg und durch die Maisinger Schlucht zum Maisinger See.
■ **Endpunkt** Wie Ausgangspunkt.
■ **Zeitaufwand** 2–2.30 Std.
■ **Einkehrmöglichkeiten** Maisinger Seehof.

■ **Ballonfahrten**
Das Fünfseenland aus der Vogelperspektive ist ein Traum, der leicht zu verwirklichen ist. Denn von Landstetten aus werden das ganze Jahr über Ballonfahrten angeboten, die einem die Landschaft zwischen Ammersee und Starnberger See aus einer gänzlich ungewohnten Perspektive zeigen. Infos: Tel. 0 81 57/91 04, www.landstettener-ballonfahrten.de

Das von einem dichten Schilfgürtel umgebene Naturidyll ist ein Paradies für Vogelliebhaber, die hier viele seltene Wasservögel beobachten können.

Für Natur- und Vogelliebhaber ist das Naturschutzgebiet Maisinger See ein kleines Paradies. Im Gebiet südwestlich von Maising verstecken sich die Reste eines einst die ganze Senke zwischen Aschering und Maising ausfüllenden Sees, der mit seinen weiten Schilfzonen ein ideales Rückzugs- und Brutgebiet für seltene Wasservögel darstellt. Das idyllische – und mit einer Wassertiefe von rund einem Meter sehr flache – Gewässer ist ein beliebtes Ausflugsziel, allerdings nicht nur wegen der Naturerlebnisse.

Am Ostufer steht unterhalb eines kleinen Damms ein einladendes Wirtshaus, der Biergarten selbst befindet sich auf der Dammkrone – einen schöneren Platz für Biertische wird man kaum finden. Besonders abends, wenn sich die untergehende Sonne in dem glatten Wasser spiegelt und die letzten Sonnenstrahlen die Biergartenbesucher wärmen, wünscht man sich hier, dass die Zeit stehen bleibt.

Gleich neben dem Biergarten besteht auch die einzige Möglichkeit, ins kühle Nass des braunen Moorwassers zu springen. Der restliche Uferbereich kann nicht betreten werden, ja, man kommt noch nicht einmal in die Nähe des Ufers. Das ist aber auch schon der einzige Nachteil bei einer Rundwanderung um den Maisinger See, die im Frühling besonders schön ist, wenn die Natur zum Erwachen kommt und ihre volle Blütenpracht entfaltet, oder im Herbst, wenn sich die

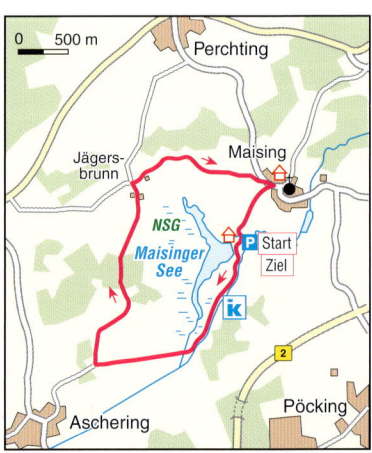

Blätter bunt gefärbt haben und der See seinem Winterschlaf entge-
gendämmert.

Die ersten Meter nach dem Maisinger Seehof führt der Weg durch
einen schönen Laubwald mit stattlichen Eichen, ehe es kurz darauf
hinaus geht auf einen freien Wiesenboden, begrenzt durch einen
Schilfgürtel auf der einen und einen Wald auf der anderen Seite. Auf
dem weichen Untergrund wandert man angenehm bis unterhalb
eines frei stehenden Bauernhofs, der auf einem kleinen Hügel thront,
um dann dem Güterweg in nördlicher Richtung folgend nach Jägers-
brunn und weiter nach Maising zu wandern. Die Aussicht wird zwar
nur kurz durch kleine Waldstücke unterbrochen, doch der Maisinger
See selbst ist nur an wenigen Stellen zu erahnen, zu dicht und hoch
gewachsen ist der breite Schilfgürtel.

An dem Schilfgürtel und den Feuchtwiesen liegt es auch, dass man der
Straße bis kurz vor Maising folgen muss, ehe es wieder eine Möglichkeit gibt, zurück zum Ausgangspunkt und damit zum See zu kommen. Im einladenden Biergarten des Seehofs endet dann die Wanderung mit einer gemütlichen Brotzeit.

*Das Schauspiel des Sonnen-
untergangs ist immer wieder
faszinierend. Besonders
schön ist dieser Moment am
Maisinger See.*

*Bild Seite 20: Sehr gemütlich:
der Biergarten beim Maisinger Seehof.*

7 Die Roseninsel

Wissenswertes

■ **Überfahrt zur Roseninsel**
Der Fährbetrieb beginnt Anfang Mai und dauert bis in den Herbst hinein. Täglich Montag bis Samstag von 11 bis 18 Uhr, Sonntag von 10 bis 18 Uhr, nicht bei schlechtem Wetter!
Infos: Tel. 01 71/7 22 22 66.
www.faehre-roseninsel.de

Nach vielen Arbeiten erstrahlt die zauberhafte Insel und der geheime Treffpunkt von König Ludwig II. mit seiner Cousine Sisi fast wieder in altem Glanz.

So groß der Starnberger See auch ist, an Inseln ist er arm. Nur vor Feldafing befindet sich eine kleine, zauberhafte und einst auch geheimnisvolle Insel. Verzaubern kann die Roseninsel auch heute noch, doch geheimnisumwittert ist sie nicht mehr. Jeder kann sie betreten. Ganz anders war es im 19. Jahrhundert, als die Insel »Wörth« zu ihrem neuen Namen kam. König Maximilian II. kaufte das kleine Eiland und ließ von seinem Landschaftsgärtner Peter Joseph Lenné, der auch den großartigen Park im Uferbereich anlegte, Rosen pflanzen. Der passende Ort für romantische – aber heimliche – Treffen von König Ludwig II. mit seiner Cousine Sisi. Wobei der Märchenkönig das Ambiente noch weiter verfeinerte, bis letztlich 15.000 Rosen die Insel verzauberten.

Die Geschichte der Roseninsel reicht weit zurück. Bereits in der Jungsteinzeit, also vor rund 5.000 Jahren, errichteten Siedler Pfahlbauten auf der nah am Ufer liegenden Insel. Auch die Römer siedelten hier für einige hundert Jahre. Unter König Max II. wurde ein Inselschlösschen im pompejischen Stil errichtet.

Zu erreichen ist die 165 Meter vom Ufer entfernte Roseninsel nur von Frühjahr bis Herbst. Mit einem flachen Holzboot, einer »Plätte«, bringt der Fährmann Norbert Pohlus pro Fahrt bis zu 20 Personen von der Ablegestelle im Feldafinger Park auf die kleine Insel. Dort berichten sieben Tafeln in Wort und Bild über die Siedlungsgeschichte, über die Fischerinsel, die königliche Roseninsel und die Inselkirche. Seit einigen Jahren arbeiten die Mitarbeiter der Bayerischen Verwaltung der staatlichen Schlösser, Gärten und Seen daran, den Park und den Rosengarten in seiner ursprünglichen Form zu rekonstruieren. Auch das kleine Schlösschen wurde bis zum Jahre 2003 renoviert. Die Zeit drängte, denn 2003 wurde das 150-jährige Jubiläum der Fertigstellung der Anlage durch König Maximilian II. gefei-

ert. Im Rosenrondell wurde auch die fünf Meter hohe Glassäule, die mit Hilfe des »Förderkreises Roseninsel« wiederhergestellt wurde, aufgestellt. Ebenfalls im Jahr 2003 wurde das »Casino« auf der Roseninsel fertig restauriert und kann nun besichtigt werden.

Die Roseninsel – auf der geheimnisvollen Insel trafen sich König Ludwig II. und Sisi zu romantischen Rendezvous.

Sehr schön ist übrigens bereits der Weg zur Insel. Vom Feldafinger Strandbad aus spaziert man auf dem Außer-Wörther-Uferweg durch den großartigen Lenné-Park – der Landschaftsgärtner Peter Joseph Lenné war übrigens auch Landschaftsarchitekt von Sanssouci – zum Feldafinger Ufer-Rondell, von dem man einen traumhaften Blick über den See und zur Insel genießt. Der Park war einst als Schlossgarten geplant, doch von dem dazugehörigen, von Maximilian II. geplanten Sommerschloss am Ufer des Sees wurden bis zum Tod des Königs nur die Fundamente und das Kellergeschoss gebaut. Sein Sohn Ludwig II. stellte den Bau ein, nur der im modernen englischen Stil angelegte Garten wurde auf seinen Wunsch hin fertig gestellt.

23

8 Von Possenhofen nach Tutzing

Wissenswertes

■ **Ausgangspunkt** Possenhofen (630 m).
■ **Anfahrt** Mit dem Auto auf der A 95 und A 952 nach Starnberg und den Wegweisern Weilheim (B2) folgend zur Abzweigung Pöcking, durch den Ort hinunter nach Possenhofen und zum Parkplatz am Erholungsgelände. Mit der S-Bahn (S 6) bis Possenhofen.
■ **Endpunkt** Tutzing, S-Bahn-Verbindung nach Starnberg.
■ **Zeitaufwand** 2.30–3 Std.
■ **Einkehrmöglichkeiten** Gasthäuser am Seeuferweg sowie in Tutzing.

Der Starnberger See von seiner schönsten Seite, der Uferspaziergang mit traumhaftem See- und Bergblick führt bei Feldafing durch einen malerisch schönen Park.

Possenhofen liegt südwestlich von Berg, dem Sommersitz des Märchenkönigs, allerdings auf dem gegenüberliegenden Ufer des Starnberger Sees. Mit seinem Privatdampfschiff »Tristan« konnte König Ludwig II. schnell hinüberfahren, zu geheimen Treffen mit Sisi. Die spätere Kaiserin Elisabeth von Österreich verbrachte auf Schloss Possenhofen ihre Kindheit und kam auch später noch zur Sommerfrische an die Ufer des »Fürstensees«. Das heutige Hotel Kaiserin Elisabeth in Feldafing diente Sisi dabei als Sommerresidenz. Im Garten des Hotels erinnert ein Denkmal an den hohen Besuch. Das Schloss Possenhofen mit seinen vier imposanten Ecktürmen, das 1536 durch Jacob Rosenbusch erbaut wurde, ist heute in Privatbesitz, doch der angrenzende Schlosspark mit seinen stattlichen Bäumen geht über in eines der schönsten Badereviere am Starnberger See und ist für jedermann

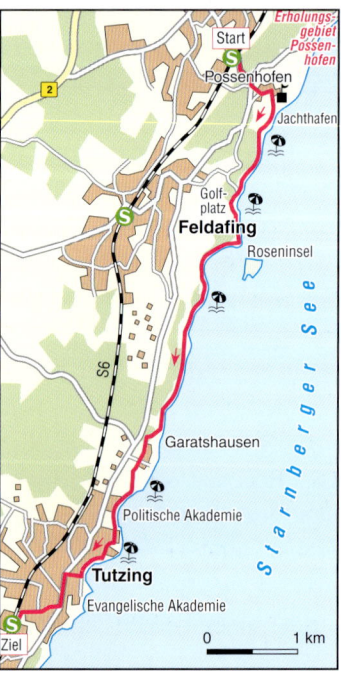

zugänglich. Zu besichtigen ist auch das Elisabeth Museum im Königssalon im S-Bahnhof Possenhofen, allerdings nur von Anfang Juni bis Anfang Oktober und da nur von Donnerstag bis Samstag, immer von 14 bis 18 Uhr.

Am Yachthafen vorbei führt der Uferweg nach Süden, Richtung Feldafing. Eine traumhafte Wanderung, nicht nur wegen des malerischen See- und Bergblicks. Denn begleitet wird der Weg von einem wundervollen Park, der aber mittlerweile in einen beliebten Golfplatz umgewandelt wurde. König Maximilian II. ließ den Park in den Jahren bis 1863 anlegen, ein dort geplantes Schloss wurde aber letzt-

■ **Tutzing**

Das ehemalige Fischerdorf – die Bedeutung des Fischfangs spiegelt sich auch in dem Tutzinger Wappen wider, in dem eine silberne Renke abgebildet ist – am Westufer des Starnberger Sees ist heute ein beliebtes Ausflugsziel mit mehreren Sehenswürdigkeiten. Neben der neubarocken Pfarrkirche St. Joseph, wunderschönen Spazierwegen wie der Brahmspromenade oder dem Kustermannpark lohnt sich vor allem ein Ausflug hinauf zur Ilkahöhe, einem großartigen Aussichtspunkt.

lich nie verwirklicht. Vorbei an der Roseninsel und dem etwas oberhalb gelegenen Feldafing, dessen Ortsbild von prachtvollen Gründerzeitvillen wie der »Villa Waldberta« und einem Bahnhofsgebäude im italienischen Villenstil geschmückt wird, geht es zum Schlösschen in Garatshausen, das sich heute in Privatbesitz befindet. Neben Possenhofen gehörte auch dieses Schloss Herzog Maximilian von Bayern, und auch hier hat sich Sisi in ihrer Jugend aufgehalten.

Kurz darauf schlendert man an den ersten, hinter hohen Zäunen und viel Grün versteckten Nobelvillen vorbei, die Tutzing ankündigen. Das tausendjährige Fischerdorf mit seinen schönen Häusern lohnt einen Rundgang. Die Brahmspromenade am See erinnert an den Musiker, der sich im Sommer 1873 längere Zeit hier aufgehalten hat. In Erinnerung an den berühmten Komponisten finden seit 1997 jedes Jahr die »Tutzinger Brahmstage« statt. Neben Brahms steht immer ein weiterer großer Komponist im Mittelpunkt des jeweiligen Programms.

Das Schloss von Tutzing in Ufernähe ist seit 1949 Sitz der Evangelischen Akademie, die Villa Buchensee am Nordrand von Tutzing beherbergt die Akademie für Politische Bildung. Und die Ilkahöhe hoch über dem Ort zählt zu den schönsten Aussichtspunkten im Starnberger Fünfseenland. Ein Höhepunkt im an Festen nicht gerade armen Tutzing ist die alle fünf Jahre stattfindende »Historische Fischerhochzeit«.

Im Schloss Possenhofen verbrachte Sisi ihre Kindheit.

Bild oben: Der Starnberger See mit Tutzing und Roseninsel aus der Luft.

9 Auf die Ilkahöhe

Wissenswertes

■ **Ausgangspunkt** Tutzing (603 m).
■ **Anfahrt** Mit dem Auto auf der A 95 und A 952 nach Starnberg und auf der B2 bis Traubing, links ab nach Tutzing, von der Hauptstraße in Tutzing rechts ab in die Bahnhofstraße, Parkmöglichkeiten am Bahnhof. Mit der Bahn oder S-Bahn (S 6) bis Tutzing.
■ **Endpunkt** Wie Ausgangspunkt.
■ **Zeitbedarf** 3–3.30 Std.
■ **Einkehrmöglichkeiten** Gasthäuser in Tutzing, Forsthaus Ilkahöhe.

Auf den Paradeaussichtspunkt im Starnberger Fünfseenland führen von Tutzing mehrere schöne Wanderwege. Der Lohn ist ein fantastischer Blick bis hin zu den Alpen.

Tutzing hat zwei Gesichter. Zum einen ist es ein erholsamer Luftkurort mit ländlichem Ambiente und gleichzeitig weht der Duft der großen weiten Welt: In der Evangelischen Akademie und der Akademie für Politische Bildung wird über die unterschiedlichsten Themen diskutiert und das mit internationaler Referentenbesetzung. Eine schöne Rundtour führt vorbei an den genannten Diskussionsforen in die ländliche Stille zu einem sagenhaften Aussichtspunkt. Ziel ist die Ilkahöhe, die höchste Erhebung des Starnberger Fünf-Seen-Landes mit Panoramablick über den Starnberger See bis hin zu den Bergen. Neben den zahlreichen bewaldeten Vorbergen dominiert beim Panoramablick vor allem der felsige, langgezogene Kamm der Benediktenwand das Postkartenmotiv

Vom leicht erreichbaren Bahnhof schlendert man hinab zum Starnberger See. Vorbei an dem ehemaligen Tutzinger Schloss, in dessen Mauern sich seit 1949 die Evangelische Akademie befindet. Einst regierte von hier aus die Obrigkeit mehr als drei Jahrhunderte den Ort und die umliegenden Dörfer – bis in das Revolutionsjahr 1848. Dem Seeufer folgend geht es weiter auf dem so genannten Brahmsweg. 1873 verbrachte der Komponist Johannes Brahms einen schöpferischen Sommer in Tutzing. Sein Haus versteckt sich übrigens im abzweigenden Fischergassl. Vorbei an Bootshäusern und der Akademie für Politische Bildung wird Garatshausen erreicht. Am dortigen Schloss, dem heutigen Altersheim, biegt man nach links ab. Zuerst über die Hauptstraße, dann unter der S-Bahnlinie hindurch, führt direkt dahinter der Weg links in den Wald Richtung Pfaffenberg. Nun Richtung Westen bis zur Traubinger Straße. Nach einigen Metern rechts geht es gleich darauf wieder links abzweigend Richtung Deixlfurter See. Östlich des idyllisch zwischen Wiesen und Wäldern gelegenen Moorgewässers vorbei folgt man der geschotterten Straße bis zu einer geteerten Straße. Auf dieser ein paar Meter nach rechts und gleich darauf wieder links weiter. Durch ein Waldstück bis zu einer weiteren Straße. Wieder ein paar Meter nach rechts, um gleich darauf links abzuzwei-

gen. Der Weg führt aussichtsreich über den sanft geschwungenen Wiesenkamm der Ilkahöhe (726 m). Aus geologischer Sicht handelt es sich hier um eine Jungmoräne, die in der Eiszeit entstanden ist. Ein Panoramaweg mit herrlichem Ausblick auf den Starnberger See und bis zu den Alpen. Die Ilkahöhe wurde nach der Gräfin Ilka von Wrede benannt. Sie stammte aus der Familie von Vieregg, die im 19. Jahrhundert die Herren der Hofmark Tutzing waren.

Panoramablick von der Ilkahöhe: freie Sicht auf See und Berge.

Nur wenige Meter unterhalb der Anhöhe liegt die malerische, bereits 1207 erstmals urkundlich erwähnte Nikolauskirche und nebenan das einladende Forsthaus Ilkahöhe. Die gut restaurierte Kirche birgt ein seltenes Bildnis der hl. St. Kümmernis. Das Forsthaus nebenan ist bewirtschaftet und mit dem dazugehörigen Biergarten lädt es zum Verweilen und Genießen ein. Wer vom Forsthaus die schnelle Varian-

Genusswandern: der aussichtsreiche Kammweg zur Ilkahöhe.

te zurück nach Tutzing vorzieht, der folgt der kleinen Teerstraße bergab. Die ruhigere Variante führt vom Parkplatz unterhalb des Forsthauses nach Norden, leicht bergan entlang einer schönen Allee mit stattlichen Bäumen. Nach 500 Meter führt dann rechts ein schmaler Pfad ab. Der Ausschilderung durch den Wald folgen, später die Straße überqueren. Links einiger Häuser entlang weiter durch den Wald, dann rechts bergab bis zu den Bahngleisen und zum Ausgangsort.

10 Das Museum der Phantasie

Wissenswertes

■ **Museum der Phantasie**
Ein kleiner Laden mit Info-
material, Katalogen und
ausgewählter Literatur
lädt zum Stöbern ein, eine
Cafeteria zum Relaxen.
Am Hirschgarten 1, 82347
Bernried, Tel. 0 81 58/
99 70 60, www.buchheim-
museum.de.

*Das Buchheim-Museum ist seit dem Tag der Eröffnung
ein Besuchermagnet. Wechselnde Ausstellungen und die
umfangreiche Sammlung lohnen auch mehrere Besuche.*

Es gab viele Diskussionen um das Museum der Phantasie und den
Standort, doch seitdem das Museum am 23. Mai 2001 im Park von
Schloss Höhenried bei Bernried am Südwestufer des Starnberger Sees
feierlich eröffnet wurde, ist die in Abschnitten schwierige Entstehung
Geschichte.

Der Erfolg gibt dem Projekt Recht. Von Anfang an strömten die
Besucher in das Buchheim-Museum – bereits nach drei Monaten
wurde der 100.000. Besucher gezählt –, das auf einem parkähnlichen
Grundstück am Ufer des Starnberger Sees neu erbaut wurde. Die Lage
des Gebäudes ist einmalig, die Architektur des von Günter Behnisch
entworfenen Hauses modern und zweckmäßig. Der langgestreckte,
zum Teil in den Hang hineingebaute Baukörper soll die außerge-
wöhnliche Vielfalt der Kunstwerke widerspiegeln und endet in einem
zwölf Meter über dem See schwebenden Steg.

Vom Parkplatz führt ein mit Skulpturen und Kunstwerken gesäumter
Weg zu dem Gebäude mit seinen beiden mehrstöckigen Türmen. Im
Inneren der Türme sind die volks- und völkerkundlichen Sammlun-
gen sowie die Arbeiten des Malers, Fotografen, Verlegers, Kunstbuch-
und Romanautors Lothar-Günther Buchheim, dem Initiator des
Museums, untergebracht. In den
nördlich gelegenen Hallen finden
die Besucher Gemälde, Aquarelle,
Zeichnungen und Druckgrafiken
der Künstlergemeinschaft »Die
Brücke«, die den Grundstock der
Sammlung Buchheim ausmachen.
Die Gruppe wurde 1905 von vier
jungen Dresdner Architekturstu-
denten (Ernst Ludwig Kirchner,
Fritz Bleyl, Erich Heckel, Karl
Schmidt-Rottluff) gegründet und
erweiterte sich bis 1913 um Künstler wie Emil Nolde, Max Pechstein,
Cuno Amiet und Otto Mueller.

*Eiszeit in Bayern – wie ein
Gemälde zeigt sich der zu-
gefrorene Starnberger See
bei Bernried.*

Das Museum der Phantasie mit seiner interessanten Architektur (Architekt: Günther Behnisch).

Neben den Meisterwerken des Expressionismus sind unzählige »Nebensammlungen« mit Kunsthandwerk aus aller Welt und »Souvenirs« – darunter an die 3.000 gläserne Briefbeschwerer – von Buchheim zu besichtigen. So mancher tut sich damit etwas schwer, schließlich handelt es sich hier vielfach um Gebrauchsgüter unserer Gesellschaft, aber auch um Kultgegenstände aus der ganzen Welt.

So umfangreich die Sammlung auch ist, sie zeigt noch längst nicht alle Werke, die Buchheim besitzt. Im Museum werden daher immer wieder neue Stücke präsentiert, ergänzt durch wechselnde Sonderausstellungen mit Arbeiten von Picasso, Léger, Matisse, Braque oder Chagall aus den Buchheimschen Sammlungen.

Sehenswert ist nicht nur die Ausstellung, sondern auch der Höhenrieder Park, in dem sich das Museum befindet. Naturliebhaber werden bei einem Spaziergang ihre Freude haben. Der Park mit seinen alten Baumgruppen, verwunschene Teiche, Pagoden, Skulpturen und andere Kunstwerken ist ein einzigartiger Natur- und Kunstgenuss.

■ **Bernried** Prunkstück des alten Fischerorts, der 1983 zum schönsten Dorf Bayerns gekürt wurde, ist die ehemalige Hofmarkskirche Mariä Himmelfahrt. Die Pfarrkirche erhielt ihr heutiges Erscheinungsbild vor allem im Barock. Malerischer Ortskern, schöne Spaziergänge durch den Bernrieder Park.

11 Um den Nußberger Weiher

Wissenswertes

■ **Ausgangspunkt** Sees-
haupt (595 m).
■ **Anfahrt** Mit dem Auto
auf der A 95 zur Ausfahrt
Seeshaupt, Parkmöglich-
keiten im Ort und am
Bahnhof. Mit der S-Bahn
(S 6) nach Tutzing und
mit dem Zug weiter nach
Seeshaupt.
■ **Endpunkt** Bernried,
zurück mit dem Schiff oder
zu Fuß (1–1.30 Std.).
■ **Zeitaufwand** 4 Std.
■ **Einkehrmöglichkeiten**
Gasthäuser in Seeshaupt
und Bernried, Gasthaus
Reßl in Jenhausen.

*Abseits vom Starnberger See trifft man auf weitläufige
Moorgebiete und kleine Teiche, die auf ausgedehnten Wanderungen bequem erkundet werden können.*

Seeshaupt ist seit langem kein Geheimtipp mehr, denn bereits kurz
vor der Jahrhundertwende wurde der Ort als Ferien- und Erholungsort entdeckt. Ausschlaggebend dafür war der berühmte Münchner
Arzt Prof. Pettenkofer, der später in Seeshaupt seinen Alterssitz fand.
Der Ort ist dennoch bis in die heutige Zeit beschaulich geblieben,
und die Erholung steht noch immer im Vordergrund. Die Hauptrolle
spielt dabei natürlich der See. Neugierigen sei aber durchaus eine
schöne Runde ins Hinterland empfohlen. Vorbei am malerisch gelegenen Jenhausen führt die vorgestellte Wanderung durch das Bernrieder Filz nach Bernried. Von dort aus geht es dann zu Fuß oder per
Schiff bzw. Bus zurück nach Seeshaupt. Der Uferabschnitt zwischen
Bernried und Seeshaupt ist auch als separate Wanderung zu empfeh-
len, da die Parkanlage der Wilhelmine-Busch-Woods-Stiftung zwischen Bernried und Seeshaupt sehenswert ist.

Man verlässt Seeshaupt auf der Straße Richtung Eberfing und
Hohenberg. Bald nach dem Ortsende rechts ab und erst durch Wald,

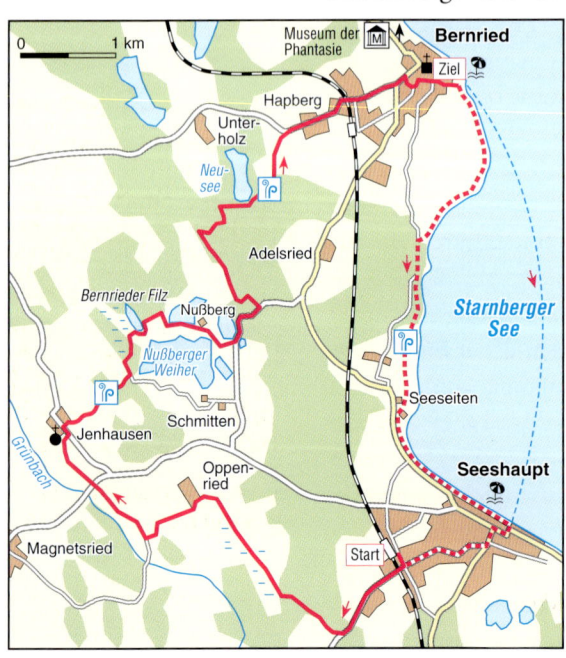

dann über Feuchtwiesen nach Oppenried. In
westlicher Richtung in die vom Grünbach
durchflossene Senke und dem Wasserlauf
folgend nach Jenhausen. Der Ort ist durch
die auf einer Anhöhe liegende Kirche Mariä
Himmelfahrt nicht zu verfehlen. Deren
Inneres ist durchaus sehenswert und birgt
eine Muttergottes aus dem 18. Jahrhundert.
In der Ortsmitte von Jenhausen befindet sich
Gasthaus Reßl. Mit oder ohne Pause folgt
man der Beschilderung des Prälatenwegs
und geht rechts hinauf. Vor einem Aussied-
lerhof weist die Beschilderung nach links.
Der schmale Fußweg führt entlang eines
Weidezaunes. Gut auf die Markierung ach-
tend wird das Bernrieder Filz erreicht. Auf
einem Brettersteg wandert man nun über
den weichen Moosboden des Naturschutz-

gebietes mit seinen einzelnen Birken- und Kiefergruppen. Weiterhin der Ausschilderung des Prälatenweges folgend zum Nußberger Weiher mit dem Gut Nußberg. Die Teiche hier werden allesamt für die Fischzucht genutzt. Vogelkundige können neben Blässhühner, Hauben- und Zwergtaucher sogar Graureiher beobachten. Die Kapelle am Ufer des Nußberger Weihers wurde 1875 von Joseph und Katharina Streidt erbaut.

Neben dem Nußberger Weiher gibt es mehrere Teiche, die zur Fischzucht genutzt werden.

Der Prälatenweg führt weiter ins älteste Moorschutzgebiet Bayerns zur so genannten »Schwarzen Lacke«. Pflanzenkenner können hier auf Pirsch gehen und werden Arten entdecken, die nur selten, und wenn überhaupt, dann vorwiegend in Nordeuropa vorkommen. Am Neusee vorbei kommt man nach Hapberg. Von dort aus folgt man der Straße nach Bernried, einer der ältesten Ansiedlungen am Starnberger See. Im Ort sollte man das Kloster mit seiner Kirche besichtigen. Im Jahre 1120 stiftete Graf Otto von Valley ein Augustiner-Chorherrenstift, welches bis 1803 bestand. Heute wird es von den Tutzinger Missions-Benediktinerinnen wieder als Kloster und Fortbildungshaus genutzt. Die ehemalige Klosterkirche und heutige Pfarrkirche St. Martin glänzt mit ihrer Rokokoausstattung und einem gotischen Flügelaltar. Wer den Klosterhof durchquert, gelangt zur Pfarrkirche Mariä Himmelfahrt, der ehemaligen Hofmarkskirche. An deren Nordseite befindet sich eine kleine Wallfahrtskapelle von 1689. Weiter geht es Richtung See und zur Schiffsanlegestelle. Nun mit dem Linienschiff zurück nach Seeshaupt oder weiter zu Fuß entlang der schönen Seepromenade und durch den »Bernrieder Nationalpark«. Der Park wurde im Stil eines englischen Gartens angelegt und weist einen beachtlichen Bestand an alten Eichen und Buchen auf. Ab dem Gasthaus und Café Seeseiten folgt man ein kurzes Stück der Hauptstraße, ehe man links über den Seeuferweg weiter nach Seeshaupt wandert und der Beschilderung zurück zum Bahnhof folgt.

Die auffallende Markierung des Prälatenwegs.

12 Von Seeshaupt nach Hohenkasten

Wissenswertes

■ **Ausgangspunkt** Sees-haupt (595 m).
■ **Anfahrt** Mit dem Auto auf der A 95 zur Ausfahrt Seeshaupt, Parkmöglich-keiten im Ort und am Bahnhof. Mit der S-Bahn (S 6) nach Tutzing und mit dem Zug weiter nach Seeshaupt.
■ **Endpunkt** Wie Aus-gangspunkt.
■ **Zeitaufwand** 4.30–5.30 Std.
■ **Einkehrmöglichkeiten** Gasthäuser in Seeshaupt, Hohenkasten, Schlossgast-stätte Hohenberg.

Einsame Waldwege, idyllische Seenaugen und viel Natur; abseits von Osterseen und Starnberger See gibt es viel zu entdecken.

Im Hinterland von Seeshaupt, dem beliebten Erholungsort an der Südspitze des Starnberger Sees, gibt es viel zu entdecken. Die riesigen Moorflächen des Weidfilz und Schechenfilz zum Beispiel, die unter Naturschutz stehen, oder die großartige Seenlandschaft der Oster-seen, ein einzigartiges Relikt der letzten Eiszeit.

Während die 19 Seen und Tümpel des Naturschutzgebietes Oster-seen, die eingebettet sind in dunkles Grün und deren Ufer dichte Schilfgürtel schützen, nicht zuletzt durch ihre Geschlossenheit und unversehrte Naturlandschaft recht bekannt – und dementsprechend besucht – sind, werden die vereinzelten Gewässer westlich davon kaum beachtet. Streitberger Weiher, Schillersberger Weiher, Eichen-dorfer Weiher, Haarsee, das sind nur einige der kleinen Weiher und Moorseen, die mal wie Juwelen zwischen dunklen und geheimnisvol-len Wäldern in der Sonne glitzern und sich mal unter Nebelschwaden verstecken.

Von Seeshaupt aus hält man sich zunächst an die Bahnlinie und folgt dem Weg entlang der Gleise bis zum Frechensee, einem der kleineren und etwas abseits gelegenen Seenaugen im Naturschutzgebiet Oster-seen. An Ellmann vorbei erreicht man ein kleines Täl-chen, das man bis kurz vor Tradfranz verfolgt. Im spitzen Winkel zweigt hier eine Straße ab und führt zum ersten der unbekannten Seen, dem Rohrmooser Weiher. Ein kleines Gewässer, umgeben vom großen Lauterbacher

Eine Wanderung für die ganze Familie, wenn auch etwas lang für die Kleinsten. Doch die Route kann jederzeit abgekürzt werden.

■ Seeshaupt

Der staatlich anerkannte Erholungsort mit seinen schönen Bauernhäusern und der Pfarrkirche mit dem barocken Zwiebelturm liegt direkt am Südufer des Starnberger Sees. Eine Gedenksäule am Dampfersteg erinnert daran, dass in Seeshaupt einst das Seegericht tagte. Im Blickpunkt des Interesses steht der See mit seinem Sportangebot: Baden, Angeln, Segeln oder Bootfahren.

Wald, der die Moränenlandschaft wie ein grüner Mantel bedeckt. Eine Landschaft mit kleinen Hügeln, dazwischen finden sich Senken mit sumpfigen Wiesen, kleinen Bächen oder dunklen Seeaugen.

Über Streitberg und dem gleichnamigen Weiher erreicht man den Schillersberger Weiher, biegt rechts ab und wandert bis zum einsam gelegenen Wirtshaus Hohenkasten mit seiner benachbarten kleinen Kapelle. Eine Einkehr gibt es hier bereits seit dem 15. Jahrhundert, wobei damals die Lage an der wichtigen Verbindungsstraße zwischen Weilheim und Tölz ausschlaggebend war. Hier gab es Wasser und Unterstellmöglichkeiten für die Pferde sowie Verpflegungs- und Übernachtungsmöglichkeit für Reisende. Heute wäre die landschaftliche Schönheit der Hauptgrund für die Einrichtung eines Gasthauses. Vom großartigen Biergarten schweift der Blick nach Süden, genießt die schönen Wiesen und das Moor und bleibt immer wieder hängen an den Gipfel von Wetterstein und Karwendel, die die großartige Kulisse bilden.

Nach einer Rast geht es weiter nach Norden auf direktem Weg nach Tradfranz und zum nahen Eichendorfer Weiher, der sich nicht im dichten Wald versteckt, sondern eine Senke inmitten schöner Wiesen ausfüllt. In nordwestlicher Richtung können noch weitere versteckte und unbekannte Seen entdeckt werden, doch wer die Runde beenden will, wandert zum nahen Buckelsberg und über Hohenberg (die gemütliche Schlossgaststätte lockt mit einem angenehm schattigen Biergarten) und Ellmann zurück nach Seeshaupt.

Einkehr mit Genuss: die Schlossgaststätte Hohenberg.

13 Rund um die Osterseen

Wissenswertes

■ **Ausgangspunkt** Bahnhof Staltach (599 m).
■ **Anfahrt** Mit dem Auto auf der A 95 zur Ausfahrt Penzberg/Iffeldorf, in Richtung Seeshaupt und die zweite Möglichkeit links Richtung Staltach, Iffeldorf. Durch die Unterführung und gleich wieder rechts bis zu der Parkmöglichkeit vor dem Bahnhof Staltach. Mit der Bahn Verbindungen von Weilheim, München und Kochel.
■ **Endpunkt** Wie Ausgangspunkt.
■ **Zeitaufwand** 3.30–4 Std.
■ **Einkehrmöglichkeiten** Gasthäuser in Iffeldorf, Fohnseestüberl.

Die weitläufige Moorlandschaft mit 19 Seen und Tümpeln lädt ein zu ausgedehnten Spaziergängen – und zu einem Sprung ins warme Wasser.

Es ist schwer, sich in Zeiten des Treibhausklimas vorzustellen, dass große Teile des Alpenvorlands während der Eiszeit von mächtigen Gletschern bedeckt waren und viele der heutigen Landschaften durch die Eiszeit geformt wurden. Im Großen mag das ja noch gehen, bei Ammer- und Starnberger See kann man sich gut vorstellen, wie die Gletscherzungen die länglichen Becken ausgeschürft haben. Schwierig wird es bei den Seenaugen der Osterseen südlich vom Starnberger See. Sie entstanden am Ende der Würmeiszeit vor 12.000 Jahren. Beim Rückzug der Gletscher blieben in den Moränen große Eisblöcke, so genannte Toteisblöcke, zurück, die, durch Geröll vor schneller Abschmelzung geschützt, nur langsam abtauten. Die trichterförmigen Kessel füllten sich mit Schmelz- und Grundwasser und bilden heute die einzigartige Naturlandschaft der Osterseen. An das Eis ist heute nicht mehr zu denken, denn die Osterseen mit ihrem Moorwasser zählen zu den wärmsten Gewässern Deutschlands. Aus Gründen des Naturschutzes ist Baden aber nur an gekennzeichneten Stellen erlaubt, so etwa am Fohnsee. Am Großen Ostersee mit seinen kleinen Inseln – mit fast 120 Hektar Fläche der größte und mit 30 Metern auch tiefste See – sind zwei kleine Abschnitte am Ost- und Südostufer zum Baden freigegeben. Obwohl man zu den Badestellen einige Minuten zu Fuß gehen muss, sind die Plätze schnell belegt.

Rund 225 Hektar Fläche bedecken allein die 19 Seen und Tümpel, die durch weitläufige Moorflächen oder Kanäle miteinander verbunden sind. Teilweise kreisrund, glitzern sie als blaue Farbtupfer aus den Wäldern und Wiesen heraus. Die ökologisch wertvolle Moorlandschaft mit den Osterseen ist als Naturschutzgebiet ausgewiesen und ideal für ausgedehnte Wanderungen. Zu sehen gibt es neben einer unberührten Naturlandschaft viele seltene Vogelarten wie Wildgänse, Eichelhäher oder Fischadler und farbenprächtige, teils geschützte Blumen wie Sumpfdotterblume, Türkenbund oder Wildrose.

Ausgangspunkt dieser Seentour ist der Bahnhof Staltach. Von dort aus rechts entlang der Landstraße. Der Beschilderung »6« folgend geht es vor der Bahnunterführung links in den Wald.

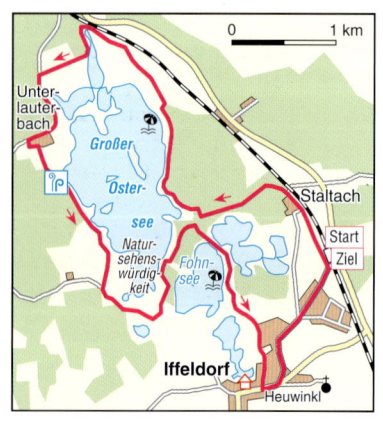

34

Dann gabelt sich der Forstweg, und man hält sich rechts der Markierung »7« folgend. So wird das Ufer des Großen Ostersees erreicht, den wir gegen den Uhrzeigersinn umwandern. Der Uferweg führt bis zu einer Liegewiese mit Badeplatz. Im weiteren Verlauf führt der Weg etwas abseits des Großen Ostersees durch Wald, ein kurzes Stück folgt er dabei der Bahnlinie und bringt uns in einem Bogen um den Ameis- und Breitenauersee zu einem Picknickplatz. Nach wenigen Metern trifft man auf eine Straße, die nach links verfolgt wird. Vorbei an der Lauterbacher Klinik erreicht man das Westufer des Großen Ostersees. Obwohl der Weg überwiegend durch Wald führt, genießt man immer wieder herrliche Ausblicke auf den Ostersee. Weiterhin der Markierung »7« folgend orientiert sich der Wegverlauf am Ufer des Großen Ostersees, bis der Fohnsee ausgeschildert ist. Links ab bis zu einer kleinen Brücke. Gleich dahinter befindet sich links die so genannte Blaue Gumpe. Ein kleiner Steg führt zu dem Quelltrichter, der durch das klare Wasser schön zu sehen ist. Da oberirdische Zuflüsse fehlen, wird den Ostersee – neben Grundwassereinsickerungen – vor allem durch unterseeische Quellen (Quelltrichter) Wasser zugeführt.

An der Weggabelung nach der Brücke folgt man der mittleren Variante, bis rechts ein Weg in Richtung Fohnsee abzweigt. Der Campingplatz Fohnsee, ein Badeplatz und das Fohnseestüberl mit Terrasse und herrlichem Seeblick werden erreicht. Das nächste Ziel ist das von weitem sichtbare Iffeldorf am Südrand des Naturschutzgebietes. Auf der Osterseenstraße gelangt man in den Ort hinein. Nach dem Brunnen lohnt sich rechts ein Abstecher zur Pfarrkirche St. Vitus und Margaretha. Oder links in Richtung Heuwinklkapelle. Eine alte Kastanienallee führt zu der auf einem Hügel gelegenen Kapelle hinauf.

Aus der Luft zeigen sich die Osterseen mit ihren kleinen Inseln und seichten Wasserzonen in ihrer ganzen Pracht.

■ Iffeldorf

Der kleine Ort befindet sich am Südrand der Osterseen und ist Ausgangspunkt für viele Wanderungen ins Naturschutzgebiet Osterseen. Neben den weitläufigen Wander- und Radmöglichkeiten gibt es zwei Golfplätze, Tennisplätze, eine Sommerstockbahn sowie traumhafte Badeplätze am Fohnsee und Ostersee. Die Pfarrkirche St. Vitus glänzt mit Wessobrunner Stuck und Fresken.

14 Zum Eitzenberger Weiher

Wissenswertes

■ **Ausgangspunkt** Sees-
haupt (595 m).
■ **Anfahrt** Mit dem Auto
auf der A 95 zur Ausfahrt
Seeshaupt, Parkmöglich-
keiten im Ort und am
Bahnhof. Mit der S-Bahn
(S 6) nach Tutzing und
mit dem Zug weiter nach
Seeshaupt.
■ **Endpunkt** Wie Aus-
gangspunkt.
■ **Zeitaufwand** 1.30–2 Std.
(mit dem Fahrrad).
■ **Einkehrmöglichkeiten**
Gasthäuser in Seeshaupt,
Kiosk am Eitzenberger
Weiher.

Das Moorwasser des idyllischen Natursees ist seidenweich und angenehm warm. Hier kommt keiner ohne einen Sprung ins erfrischende Nass vorbei.

Südlich des Starnberger Sees herrscht an Seen kein Mangel. Allein das Naturschutzgebiet Osterseen umfasst 19 Seen, Weiher und Tümpel, und westlich davon verstecken sich unzählige weitere kleine Seen in den dunklen Wäldern. Da verliert man leicht den Überblick und übersieht dabei auch so manches Kleinod. Allerdings nur als Orts-fremder, denn die Einheimischen kennen sich sehr gut aus und haben schon lange den Eitzenberger Weiher östlich der Osterseen entdeckt. Streng genommen handelt es sich dabei um vier kleine Moorweiher, die sich abseits der großen Durchgangsstraßen in den sanften Hügeln zwischen Penzberg und Beuerberg verstecken. Traumhafte Gewässer, doch zum Baden freigegeben ist nur der größte: der Eitzenberger Wei-her, auch Alter Weiher genannt.

Wer vom Starnberger See hierher wandert oder radelt, entdeckt dabei große Moorflächen, einsame Wälder, liebliche Seen, und wie so oft in der heutigen Zeit, einen Golfplatz. Der schaut zwar auch Grün aus, hat aber mit den Naturflächen abseits davon nichts gemein.

Vom Südufer des Starnberger Sees fährt man auf einer kleinen Straße nach Schechen und durch die weiten, teilweise unter Naturschutz ste-henden Moorflächen nach Obereurach mit seinem Golfplatz. In öst-licher Richtung erreicht man kurz darauf die Garmischer Autobahn, über die eine Brücke führt, und den Eitzenberger Weiher.

Ein Dauerbewohner des Eit-zenberger Weihers.

Gut besucht: die schönen Liegewiesen am Eitzenberger Weiher.

Auf dem 5,3 Hektar kleinen Moorsee wachsen Seerosen, die Ufer sind von Schilf und Wald malerisch umrahmt. Ein idyllisches Fleckchen, aber kein unbekanntes. An schönen Wochenenden sucht man hier vergeblich seine Ruhe. Die Parkplätze sind schnell belegt, selbst Halteverbotstafeln schrecken keinen ab. Für die Badenden und Erholungssuchenden gibt es schöne Liegewiese mit großen Bäumen am Ostufer. Die restlichen Uferbereiche sind teilweise nicht zugänglich und sollten zum Schutz der Tier- und Pflanzenwelt nicht betreten werden. Das samtige, aber moorig braune Wasser des lediglich vier Meter tiefen Sees erwärmt sich schnell auf 22 bis 25 Grad. Für Kinder ist der See allerdings weniger geeignet, da das Wasser schnell tief wird und flache Strandabschnitte fehlen. Zu den Stammgästen am »Eitzi«, wie ihn die Einheimischen nennen, gehören auch die Graugänse. Die wurden zwar schon einmal zwangsumgesiedelt, doch auch Gänse wissen, wo es schön ist.

Fühlen sich wohl im Moorsee: prachtvolle Seerosen.

15 Uferspaziergang bei Ambach

Auf einer für den Verkehr gesperrten Straße kann man am Südostufer des Starnberger Sees wundervoll flanieren und im Buchscharner Hof stilvoll einkehren.

Direkt am See flanieren, unter dem schattigen Dach alter Bäume, während daneben die Wellen des Starnberger Sees entfernt an Meeresrauschen erinnern. Stege und Bänke laden zur Rast ein, zum Verweilen und Genießen, zum Träumen und Sinnieren. Und wem es zu heiß wird, der springt zur Abkühlung ins klare und erfrischende Nass. Am Starnberger See sind viele Uferbereiche zugänglich, doch nirgendwo ist es so schön wie bei Ambach am Ostufer – egal ob an einem heißen Sommertag, an einem klirrend kalten Wintertag, an einem der ersten warmen Frühlingstage oder bei novembergrauem Nieselwetter.

Für Radfahrer und Spaziergänger ist dieser Abschnitt im Südteil des Starnberger Sees ein Paradies. Die für Autos gesperrte Seeuferstraße führt vorbei an traumhaften Villen, die wie kleine Schlösser inmitten riesiger Grundstücke thronen, vorbei am bunt bemalten Ungarntor, auf das bereits Waldemar Bonsels, der Erfinder der Biene Maja, bei seinen Arbeiten blickte, und der kleinen Marienkapelle; vorbei an einladenden Biergärten, wo unter Schatten spendenden Kastanien die Brotzeit doppelt gut schmeckt.

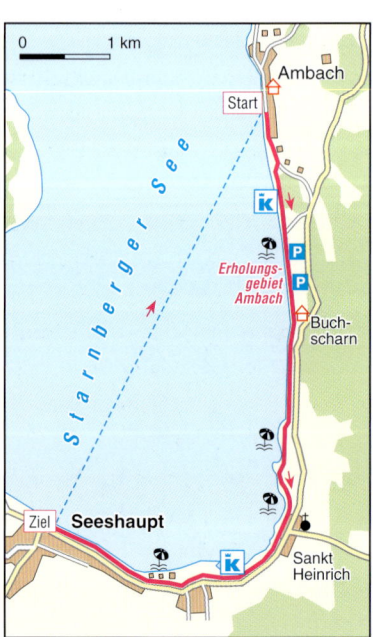

Wer von Ambach in südlicher Richtung wandert, kommt zu einem beliebten Erholungsgelände, das an heißen Sommertagen trotz seiner Größe oft seine Kapazitätsgrenze erreicht, und zum gemütlichen Buchscharner Hof. Das alte Holzhaus stand einst in der Wildschönau und sollte 1988 einem Neubau weichen. Die Spatenbrauerei nutzte die Gelegenheit und baute den

In Seeshaupt am Südende des Starnberger Sees ist man den Bergen schon ganz nah, getrennt nur durch die Seenplatte der Osterseen.

Kleinhäuslerhof am Starnberger See originalgetreu wieder auf. Die Holzstuben sind urgemütlich, doch bei schönem Wetter sitzen natürlich alle Gäste draußen im Garten.

Weiter geht es, teilweise unangenehm nah an der Staatsstraße, bis ans Südufer des Starnberger Sees. Vorbei an der ehemaligen Wallfahrtskirche St. Maria in St. Heinrich folgt der Weg dem schmalen Uferstreifen zwischen See und Straße bis Seeshaupt. Der malerisch am Südende des Starnberger Sees gelegene Erholungsort war zu Beginn des 19. Jahrhunderts als Sommerfrische attraktiv, entsprechend viele reiche Münchner bauten sich hier ihr Sommerhaus. Heute wird Seeshaupt vor allem als schnell erreichbares Naherholungsgebiet der Landeshauptstadt geschätzt. An alte Zeiten erinnert die Seegerichtssäule am Seeshaupter Dampfersteg. Die stark verwitterte Steinsäule trägt die Jahreszahl 1522 und diente einst als Grenzmarkierung zwischen dem Landgericht Weilheim und dem Seegericht Starnberg.

Einkehr mit Stil: der Buchscharner Hof.

Wer am Südufer des Starnberger Sees gut essen und dabei einen wahrlich wunderbaren Blick über den Fürstensee genießen möchte, sollte kurz vor Seeshaupt im Seerestaurant Lido einkehren. Als Spezialität zaubert die Küche alle möglichen Fische auf den Tisch, die allerdings nicht nur aus dem Starnberger See stammen.

.

16

Von Münsing zum Schloss Eurasburg

Wissenswertes

■ **Ausgangspunkt** Münsing (666 m).
■ **Anfahrt** Mit dem Auto auf der A 95 zur Ausfahrt Wolfratshausen und nach Münsing. Mit der S-Bahn (S 7) bis Wolfratshausen und auf der St 2371 nach Münsing.
■ **Endpunkt** Wie Ausgangspunkt.
■ **Zeitaufwand** 2–2.30 Std. (mit dem Fahrrad).
■ **Einkehrmöglichkeiten** in Münsing, Ammerland, Ambach, Eurasburg, Sprengenöder Alm bei Eurasburg.

Der Höhenrücken zwischen Starnberger See und Loisachtal ist ein besonders schönes Stück Oberbayern und für Radfahrer ein echtes Paradies.

In der heutigen Zeit, in der Schnelligkeit alles ist, dient der mächtige Höhenrücken zwischen Starnberger See und dem Isar- und Loisachtal nur der Fortbewegung, denn entlang der Kammlinie schlängelt sich das graue Asphaltband der Garmischer Autobahn durch die dichten Wälder. Nur vereinzelt öffnet sich der Blick auf die weite Hügellandschaft und lässt erahnen, wie schön dieser Geländerücken eigentlich ist. Weite, sanft geschwungene Hügel mit freiem Blick auf die Alpen, gemütliche Ortschaften mit Bauernhäusern wie aus dem Bilderbuch, stattliche Kirchen und malerische Kapellen, kurz: eine Landschaft zum Verlieben. Und die ist geradezu ideal zum Wandern oder Radfahren. Münsing ist der Hauptort auf diesem in Nord-Süd-Richtung verlaufenden Höhenzug. Eine kleine Ortschaft, eingebettet in eine hügelige Voralpenlandschaft, hinter der nicht nur an Föhntagen das Wettersteingebirge mit Zugspitze und Alpspitze die malerische Kulisse abgibt. Eine Landschaft, die ihre Reize vor allem im Frühjahr entfaltet, wenn sich die Wiesen und Bäume im frischen Grün zeigen und die Berge noch im Winterkleid stecken.

Am leichtesten lässt sich dieses Paradies mit dem Fahrrad erkunden. Wer es gemütlich haben möchte, bleibt auf dem eher sanften Wege- und Straßennetz entlang der Hochfläche, sportlichere Radler bauen Abstecher zum Starnberger See und das Loisachtal bei ihrer in Münsing beginnenden Tour mit ein.

Vom Ort aus radelt man auf einer kaum befahrenen Straße in westlicher Richtung zum Fischerort Ammerland; ein Auftakt

40

nach Maß, schließlich geht es konditionsschonend fast nur bergab. Am Ufer des Starnberger Sees, vorbei an mehreren Badeplätzen, geht es gemütlich nach Ambach, dessen für Autos gesperrte Seeuferstraße bei Radlern und Spaziergängern gleichermaßen beliebt ist.

Ab hier wird es anstrengend, denn hinauf nach Holzhausen sind fast 100 Höhenmeter zu überwinden. In dem kleinen Weiler mit den schönen Bauernhäusern steht die Kirche nicht im Ort, sondern auf einem kleinen Hügel außerhalb. Ein wunderschönes Postkartenmotiv: Die St. Johannis-Kirche mit

Ein traumhafter Platz zum Rasten: Unter einer mächtigen Eiche bei Degerndorf versteckt sich die Maria-Dank-Kapelle.

ihrem Zwiebelturm und dem kleinen Bergfriedhof mit den alten, reich verzierten Grabkreuzen, daneben ragt der Maibaum in den weiß-blauen Himmel, und dahinter sind die Alpen zu sehen. Ein Bild, das sich seit Jahrzehnten nicht verändert hat, mit einer Ausnahme: Teile der tausendjährigen Linde neben der Kirche fielen vor einigen Jahren einem heftigen Sturm zum Opfer, die Reste des Baumes erinnern an seine einstige Pracht.

Über Attenkam radelt man mitten durch die grünen Wiesen nach Degerndorf und zur kleinen, auf einer Kuppe im Schutze einer mächtigen Eiche stehenden Maria-Dank-Kapelle. Ein traumhafter Rastplatz. Von Degerndorf geht es weiter nach Berg und über Haidach, unter der Autobahn hindurch, zur Grünwinklkapelle am östlichen Rand des Höhenrückens. Kurz unterhalb befindet sich das in Privatbesitz befindliche Renaissance-Schloss Eurasburg, das nach einem Brand in der Silvesternacht 1975/76 wieder komplett aufgebaut wurde. Ein beliebtes Ausflugsziel ist auch die nahe gelegene Sprengenöder Alm hoch über dem Loisachtal, dank des Panoramablicks schmeckt der Kaffee gleich doppelt gut. Der schnellste Weg zurück nach Münsing führt über Degerndorf und die Hochfläche, nach Wolfratshausen fährt man am besten durch das Loisachtal.

Kaffee und Kuchen mit Alpenblick: die Sprengenöder Alm.

17 Am Ostufer des Starnberger Sees

Wissenswertes

■ **Ausgangspunkt** Bahnhof Starnberg (587 m).
■ **Anfahrt** Mit dem Auto über die A 95 und A 952 nach Starnberg; mit der S-Bahn(S 6) bis Starnberg.
■ **Endpunkt** Ammerland, mit dem Schiff zurück nach Starnberg.
■ **Zeitaufwand** 4 Std.
■ **Einkehrmöglichkeiten** Gasthäuser in Starnberg, Berg, Leoni und Ammerland.

■ **Ammerland**
In Ammerland steht ein prächtiges Haus neben dem anderen. Inzwischen jedoch herrscht Baustopp, neue Häuser dürfen am Seeufer nicht mehr errichtet werden.

Am Starnberger See ist Geschichte fast greifbar, doch nirgends wird sie so deutlich wie am Ostufer, an dem das Leben des Märchenkönigs tragisch endete.

Am S-Bahnhof Starnberg, der so verkehrsgünstig nah am Nordufer des Starnberger Sees liegt, beginnt die Tour mit einem gemütlichen Spaziergang über die Uferpromenade. Über die Nepomukbrücke kommt man nach Percha und erreicht bei Kempfenhausen eines der größten und beliebtesten Erholungsgebiete am Starnberger See. Der Weg verläuft bis Berg am Ufer entlang, um kurz nach der Schiffsanlegestelle hinauf Richtung Schloss zu führen.

Die bereits 822 urkundlich erwähnte Gemeinde liegt – nomen est omen – auf einem Höhenrücken über dem See und gilt als bevorzugte Wohnadresse. Gut erhaltene Bauernhäuser und großzügige Villenviertel prägen heute das ehemalige Bauern- und Fischerdorf, in dem der Schriftsteller Oskar Maria Graf am 22. Juli 1894 das Licht der Welt erblickte. Untrennbar verbunden mit Berg ist König Ludwig II., der am 13. Juni 1886 unter ungeklärten Umständen gemeinsam mit seinem Psychiater Dr. Gudden im Starnberger

See den Tod gefunden hat. Zum Gedenken an den König ließ Prinzregent Luitpold zehn Jahre später im Schlosspark Berg eine Votivkapelle im frühromanischen Stil errichten. Unterhalb davon ragt ein schlichtes Holzkreuz aus dem Wasser, genau an der Stelle, an der die beiden Leichen gefunden wurden.

Wer die Wanderung fortsetzt, erreicht kurz darauf Leoni unterhalb der Rottmannshöhe, einem in früheren Zeiten äußerst beliebten Aussichtspunkt. Von der Schiffsanlegestelle führte von 1896 bis 1922 eine dampfbetriebene Seilzugbahn hinauf zum

Gebaut für die Ewigkeit: Hoch über dem Starnberger See erhebt sich das Bismarckmonument.

Hotel Rottmannshöhe. Zwar ersparte man sich dadurch den Aufstieg, doch die Fahrt in einem der zwei Waggons, die jeweils 30 Personen Platz boten, kostete Zeit: Für die 880 Meter lange Strecke mit 91 Höhenmetern benötigte man eine Viertelstunde. Oben gab es einen Aussichtsturm, der einen fantastischen Blick über den See bis hin zu den Bergen ermöglichte. Mit dem Abriss des Turms 1922 endete auch der Seilbahnbetrieb, an den nur noch einige Schienenreste auf dem Weg zur Rottmannshöhe erinnern.

Unverändert ragt dagegen seit 1899 das Bismarckmonument bei Assenhausen in den Himmel, auf dessen mächtigem Turm der Reichsadler thront. Das klotzige Bauwerk erinnert an Bismarck, dessen Verhandlungsgeschick dazu führte, dass sich Bayern als letzter süddeutscher Staat dem Deutschen Reich anschloss. Vom Ufer des Sees führt der steile Schluchtweg hinauf zu dem parkähnlichen Gelände. In südlicher Richtung führt ein Weg wieder hinunter zum See und nach Seeburg. Immer dem Uferweg folgend erreicht man das Schloss von Ammerland. König Ludwig I. kaufte es 1841 vom Freisinger Fürstbischof, allerdings nicht für sich, sondern für Graf Pocci, den »Kasperlgraf«. Dieser machte sich als Verfasser von Puppenspielen, die im Münchner Marionettentheater aufgeführt wurden, einen großen Namen.

In Ammerland stehen stattliche Häuser.

18 Der König-Ludwig-Weg

Einmal quer durch das Starnberger Fünfseenland, und wer Zeit hat, verlängert die Tour bis zum Märchenschloss von König Ludwig II.

Vom Starnberger Fünfseenland nach Füssen, aus dem Alpenvorland bis an den Rand der Alpen, von Berg bis zum Königswinkel, vom Ort einer Tragödie bis hin zum größten Prunkbau des Märchenkönigs – die mehrtägige Wanderung ist die Krönung für Wanderer. Wer eine Woche Zeit hat, erlebt auf dem König-Ludwig-Weg Bayern wie aus dem Bilderbuch. Seen, sanfte Wald- und Wiesenhügel, klassische Aussichtsberge im Alpenvorland, Flüsse, Kirchen, Schlösser: Sowohl für Natur- als auch für Kulturfreunde ist hier reichlich geboten. Der Weg ist mit einem königsblauen »K«, auf dem eine Krone sitzt, markiert und meidet – so weit es geht – verkehrsreiche Straßen. Wer die Tour in sechs Etappen aufteilt, legt täglich zwischen 21 und 27 Kilometer zurück. Als Ausgangspunkt der Tour, die – wie nicht anders zu erwarten ist –

Kreuz und Votivkapelle zum Andenken an Ludwig II.

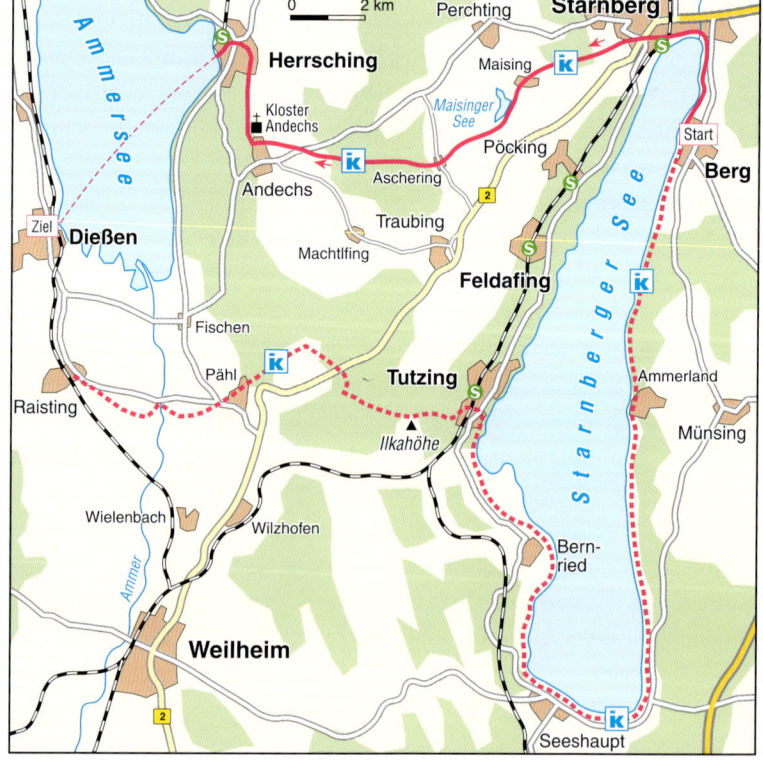

Ideal zum Wandern: der weiche Wiesenboden am Maisinger See.

ein Produkt eifriger Tourismusexperten ist, wählen viele Weitwanderer Berg am Ostufer des Starnberger Sees. Hier endete das Märchenleben König Ludwigs, und wer hier startet, wandert quasi zurück zu den Höhepunkten im Leben des Märchenkönigs. Besonders komfortabel ist der König-Ludwig-Weg bei Buchung einer Wanderpauschale, dann nämlich wird das Gepäck bequem von einem zum nächsten Übernachtungsort transportiert.

Im Bereich des Fünfseenlandes verläuft der König-Ludwig-Weg von Berg nach Dießen einmal quer durch das Gebiet des vorliegenden Führers und vermittelt so den Begehern einen guten Eindruck von der landschaftlichen Vielfalt des Alpenvorlandes zwischen Starnberger See und Ammersee. Von Berg aus wandert man immer am Ufer des Starnberger Sees nach Starnberg (oder kürzt die Strecke mit dem Schiff ab) und folgt dann der Maisinger Schlucht hinauf zum Maisinger See. Südlich am See vorbei nach Aschering und in westlicher Richtung nach Erling und zum von weitem sichtbaren Kloster Andechs. Auf dem alten Pilgerweg durch das Kiental hinunter nach Herrsching und mit dem Schiff über den Ammersee nach Dießen.

Neben dieser Hauptroute gibt es natürlich viele Möglichkeiten, die Tour zu variieren, so auch eine markierte Variante, die von Berg aus um die südliche Hälfte des Starnberger Sees nach Tutzing führt. Über den Aussichtspunkt der Ilkahöhe führt der Weg weiter in westlicher Richtung nach Pähl und Raisting.

Nächste Doppelseite: Weßling am Ufer des gleichnamigen Sees.

Wörth-, Pilsen- und Weßlinger See

19 Der Weßlinger See

Wissenswertes

■ **Anfahrt** Mit dem Auto über die A 96 zur Ausfahrt Oberpfaffenhofen und nach Weßling; mit der S-Bahn (S 5) nach Weßling und in wenigen Minuten zum See.
■ **Parken** Im Ort.
■ **Baden** Liegewiese am Ostufer.
■ **Wasserqualität** Mäßig.
■ **Fun & Action** Bootsverleih, Rundweg um den See.
■ **Einkehr** Kiosk, Gaststätten und Cafés im Ort.

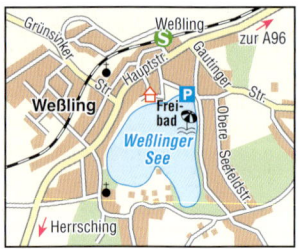

Weßlinger See und Weßling gehören tatsächlich untrennbar zusammen, wie dieser Kartenausschnitt zeigt.

Auf dem Weßlinger See geht es nur mit eigener Muskelkraft voran, zum Segeln oder Surfen ist der See zu klein.

In Weßling liegt der Badesee mitten im Ort. Seit dem Bau einer aufwändigen Tiefwasserbelüftung ist das Wasser wieder sauber und zum Baden geeignet.

In Weßling ist der See Teil des Ortes und umgekehrt. Das fast kreisrunde Gewässer und der kleine Ort mit dem von einer markanten Zwiebelhaube gekrönten Kirchturm gehören untrennbar zusammen; man kann sagen, der See ist das Herz von Weßling. Der Weßlinger See ist daher ein Badesee der kurzen Wege: Wer im Ort wohnt, kann zur Liegewiese bequem zu Fuß gehen, und wer von auswärts kommt, nimmt am besten die S-Bahn, vom Bahnhof bis zum See sind es nur wenige Minuten.

Viel Platz zum Baden ist aber am kleinsten See des Starnberger Fünfseenlandes nicht vorhanden. Am Westufer drängen sich schicke Villen, so dass teilweise nur ein schmaler Weg entlang des Ufers für Spaziergänge frei bleibt. Lediglich am Ostufer gibt es einen schmalen Wiesenstreifen, dicht gedrängt nützen die Badegäste bestmöglich den knappen Raum. Wer beim Baden Ruhe sucht, hat hier höchstens unter der Woche Glück, an Wochenenden ist die knappe Liegefläche schnell belegt. Und schließlich wollen auch Spaziergänger auf dem Rundweg, der um das 17 Hektar große Gewässer führt, die idyllische

Atmosphäre genießen. Da Zu- und Abfluss fehlen und die Lage sehr geschützt ist, erwärmt sich das Wasser rasch auf badewannentaugliche 23 Grad und mehr.

Der mangelnde Wasseraustausch hat allerdings auch einen Nachteil. In Verbindung mit den vielen Wasservögeln und dem intensiven Badebetrieb wurde die Wasserqualität immer schlechter. Erst eine 80.000 Euro teure »Tiefenwasserbelüftungsanlage« verbesserte den Sauerstoffgehalt, so dass ein Sprung ins erfrischende Nass des Weßlinger Sees heute wieder ohne Einschränkungen möglich ist. Die im See versenkte Anlage drückt täglich 120 Kilogramm Sauerstoff in die tieferen Wasserschichten, um die Oberfläche des Schlammes auf dem Seeboden zu verdichten und so zu verhindern, dass Phosphate wieder in den Wasserkreislauf gelangen und dort das Algenwachstum fördern können.

Wohl dem, der so einen schönen Badeplatz am Weßlinger See hat.

49

20 Rund um den Weßlinger See

Wissenswertes

■ **Ausgangspunkt** Weßling (596 m).
■ **Anfahrt** Mit dem Auto über die A 96 zur Ausfahrt Oberpfaffenhofen und nach Weßling, Parken am Bahnhof bzw. im Ort; mit der S-Bahn (S 5) nach Weßling.
■ **Endpunkt** Wie Ausgangspunkt.
■ **Zeitaufwand** 4–4.30 Std.
■ **Einkehrmöglichkeiten** Gasthäuser in Weßling und Meiling.

Die dichten Wälder rund um Weßling, in denen sich früher so mancher verirrte, sind heute auf guten Wegen gefahrlos zu durchqueren.

Es gibt nur wenige Ausflugsziele, die so bequem mit öffentlichen Verkehrsmitteln erreicht werden können. Weßling mit seinem kleinen See gehört dazu. Vom Bahnhof sind es zum einen nur wenige Minuten bis zum Ufer des Badesees, zum anderen beginnen gleich hier traumhafte Wander- und Radwege durch die wunderschöne Moränenlandschaft des Starnberger Fünfseenlandes.

In einem schönen Bogen lässt sich dabei die Umgebung von Weßling erkunden. Vom Bahnhof folgt man der Straße »An der Grundbreite«, bis am Beginn der Etterschlager Straße rechts ein Feldweg Richtung Schluifelder Wald abzweigt. Auf diesem zum Waldrand und links weiter »Am Höhenberg« bis zur Grünsinker Straße und der in einer Waldlichtung gelegenen Wallfahrtskirche Grünsink. Der Sage nach verlief sich um 1740 ein Jäger aus Seefeld in den riesigen Wäldern. In seiner Not gelobte er der Hl. Maria, falls er jemals wieder aus dem Wald finden sollte, ein Bild von ihr aufzustellen. Das Wunder geschah, der Jäger fand aus dem dichten Wald und befestigte zum Dank ein Marienbild in einem hohlen Birnbaum in der »Grünen Senke«. Die Andachtsstätte zog immer mehr Menschen an, erst recht, nachdem 1762/63 eine kleine Kapelle gebaut wurde. Auch wenn die schmucke Kapelle von vielen Autofahrern auf der direkt angrenzen-

Gemütlich: Angeln am bzw. im Weßlinger See.

Schöner kann ein Tag nicht anfangen: Frühschoppen mit Weißbier und Weißwurst am Weßlinger See.

den Straße vielleicht nur aus dem Augenwinkel heraus im Vorbeifahren registriert wird, ein Anziehungspunkt ist sie bis heute: Zweimal im Jahr wird hier der Grünsinker Wallfahrtsmarkt abgehalten.

Nach dem Überqueren der Straße führt der Weg gleich wieder in den Wald hinein – Angst vor dem Verirren braucht heute aber niemand mehr zu haben –, um nach knapp zwei Kilometern in südwestlicher Richtung auf die S-Bahn-Linie zu treffen. Unter der Bahn durch folgt man der Straße in südlicher Richtung nach Meiling. Mittelpunkt des kleinen Ortes ist die Filialkirche St. Margarethe aus dem 17. Jahrhundert, die auf einer kleinen Anhöhe thront. Nach dem Überqueren der Staatsstraße Weßling–Seefeld, die von einer der schönsten Eichenalleen Deutschlands gesäumt wird – die Allee wurde bereits 1776 angelegt! –, durchwandert man die weite Talsenke des Aubachs mit seinen saftigen Wiesen und den alten, mächtigen Baumgruppen und erreicht in südöstlicher Richtung das hinter einem Waldrücken versteckte Krontal.

Über Hochstadt und Ettenhofen geht es zurück nach Weßling mit seinem charakteristischen Kirchturm über dem malerischen See. Die neue Pfarrkirche Christkönig mit der auffälligen, lang gezogenen und mit Holzschindeln gedeckten Zwiebelkuppel wurde 1938/39 gebaut, nachdem die alte Pfarrkirche Mariä Himmelfahrt am Südwestufer des Weßlinger Sees zu klein geworden war.

■ Weßling

Die Gemeinde am Ufer des gleichnamigen Sees ist gleichzeitig auch Eigentümerin des Gewässers. 1968 hat die Gemeinde den See von Graf Toerring für 100.000 Euro gekauft. Die dörfliche Idylle ist allerdings nur die eine Seite, auf der anderen ist der Ortsteil Oberpfaffenhofen Standort der Flugzeugwerke Dornier und der Deutschen Forschungsanstalt für Luft- und Raumfahrt.

21 Die Vier-Seen-Tour

Wissenswertes

■ **Ausgangspunkt** Weßling (596 m).
■ **Anfahrt** Mit dem Auto über die A 96 zur Ausfahrt Oberpfaffenhofen und nach Weßling, Parken am Bahnhof bzw. im Ort; mit der S-Bahn (S 5) nach Weßling.
■ **Endpunkt** Wie Ausgangspunkt.
■ **Zeitaufwand** 2.5–3 Std. (mit dem Fahrrad).
■ **Einkehrmöglichkeiten** Gasthäuser in Weßling, Steinebach, Hechendorf, Herrsching, Erling, Andechs und Unering.

Bis auf den Starnberger See kommt man bei dieser abwechslungsreichen Runde an allen Seen des Fünfseenlandes vorbei.

Wer alle fünf Seen des Starnberger Fünfseenlandes an einem Tag erkunden möchte, braucht entweder ein Auto oder sehr gute Kondition. Denn die Distanzen sind nicht zu unterschätzen. Besser konzentriert man sich auf einen ausgewählten Bereich des Freizeitgebietes. Wer sich etwa den westlichen Abschnitt aussucht, kann auf einer Runde – die auch von Durchschnitts-Freizeitmenschen problemlos zu bewältigen ist – immerhin vier der fünf Seen des Fünfseenlandes aufsuchen.

Weßlinger See, Wörth-, Ammer- und Pilsensee liegen räumlich nah beieinander und lassen sich auf Straßen und schattigen Waldwegen komfortabel verbinden. Die Tour startet in Weßling und führt auf angenehmen Straßen erst südlich, dann nördlich der Bahnlinie nach Steinebach am Wörthsee. Auf dem König-Ludwig-Weg gewinnt man wieder an Höhe und fährt landschaftlich sehr schön über freie Wiesen hinüber nach Hechendorf am Pilsensee. Ein Abstecher hinunter zum Seeufer lohnt sich durchaus, aussichtsreicher ist allerdings die Straße auf dem Höhenrücken, von der man einen schönen Blick hinüber zum Seefelder Schloss genießt. Über Ellwang und Rausch erreicht man dann abseits des Verkehrs das Ufer des Ammersees und taucht kurz ein in einen der touristischen Brennpunkte des Fünfseenlandes.

Von Herrsching hinauf zum »Heiligen Berg« sind gut 130 Höhenmeter zu überwinden, doch der Weg durch das angenehm schattige Kiental ist nicht zu anstrengend. Wunderschön radelt man entlang des kleines Baches taleinwärts, bis man bei Erling die Hochfläche und kurz darauf den riesigen Parkplatz unterhalb von Kloster Andechs er-

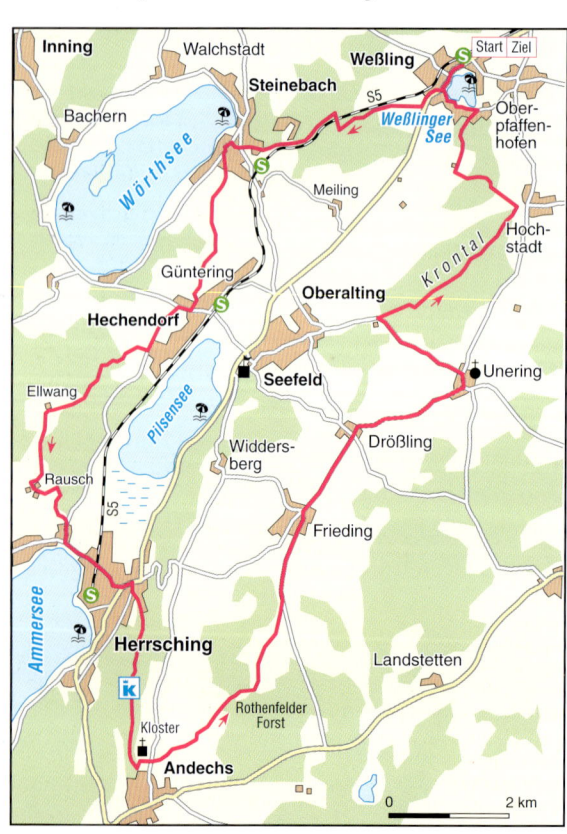

reicht. Der Trubel rund um das Bräustüberl wird links liegen gelassen, einsam geht es weiter über offene Felder hinein in den Rothenfelder Forst. Schon bald öffnet sich der Wald wieder, und über schöne Wiesen rollt man gemächlich nach Frieding, das sich auf einem Endmoränenwall ausbreitet. Der Straße folgend durch das Scheuertal nach Drößling und in nordöstlicher Richtung nach Unering, einem kleinen Dorf, in dessen Mitte eine wunderschöne spätbarocke Dorfkirche glänzt. Richtung Seefeld fährt man bis zum Beginn des Krontals, durch das man über Hochstadt und Ettenhofen wieder den kreisrunden Weßlinger See erreicht, und damit den Ausgangspunkt der Vier-Seen-Runde.

Leuchtend gelbe Rapsfelder sorgen für den farbenfrohen Kontrast inmitten grüner Wiesen, hier bei Drößling.

Unten: Weßling ist Ausgangspunkt der Vier-Seen-Tour.

22

Der Wörthsee

22

■ Einkehrtipp

Als Abschluss eines gelungenen Ausfluges an den Wörthsee sei eine Einkehr im Steinebacher empfohlen. Das Lokal mit Biergarten im alten Bahnhof von Steinebach bietet neben einer urgemütlichen Atmosphäre und kulinarischen Genüssen auch kulturelle Highlights. Regelmäßig finden dort Live-Konzerte statt, die v.a. Jazzmusikern ein Forum geben. So hat sich das Steinebacher seit seiner Eröffnung im Jahre 1997 nicht nur als Bar, Kneipe, Restaurant und Biergarten einen Namen gemacht, sondern eben auch als kleiner, feiner Musik-Club.

Segeln, surfen, schwimmen oder einfach nur faul am Strand liegen – der Wörthsee im Starnberger Fünfseenland ist der perfekte Freizeitsee, auch wenn es nur wenige öffentlich zugängliche Uferstellen gibt.

Die großen und bekannten Gewässer Ammersee und Starnberger See zogen zwar schon immer überdurchschnittlich viel Aufmerksamkeit auf sich, doch die Qualitäten der kleinen Nachbarn im Fünfseenland blieben nicht verborgen. Bereits kurz nach 1400 baute die Münchner Patrizierfamilie Katzmair auf der Insel Wörth – nach der der See benannt ist – ein Schloss, das 1770/71 von Graf Anton von Toerring abgerissen und durch einen Neubau ersetzt wurde.

Den Beinamen »Mausinsel« bekam das Eiland der Sage nach vor vielen hundert Jahren, nachdem auf Schloss Seefeld ein hartherziger Graf lebte, der viele seine Untertanen während einer Hungersnot verbrennen ließ, anstatt ihnen Essen zu geben. Tausende Mäuse und Ratten suchten daraufhin das Schloss heim, und nichts war vor ihnen sicher. Dem Grafen blieb nichts anderes übrig, als sich auf die Insel im Wörthsee zu flüchten, doch selbst dort holten ihn die Tiere ein, um ihn eines Nachts bei lebendigem Leib aufzufressen. Na, ob an der Geschichte ein wahrer Kern ist?

Der idyllische Wörthsee steht heute auf der Beliebtheitsskala ganz weit oben. Schließlich gilt er als einer der wärmsten Seen Oberbayerns, im Sommer werden durchschnittlich angenehme 22 Grad gemessen. Ein Paradies also für Wasserfreunde, allerdings mit einem kleinen Wermutstropfen: Große Bereiche des 8,5 Kilometer langen Ufers befinden sich in Privatbesitz. Es gibt leider nur einige wenige öffentlich zugängliche Uferstellen, an denen man sein Handtuch ausbreiten kann, um anschließend im warmen Moorwasser seine Runden zu drehen. Neben dem

großen Erholungsgebiet Oberndorf am Südwestende des Sees gibt es noch drei Strandbäder, das erste entstand bereits im Jahre 1913 und wurde bald eine beliebte Anlaufstelle für Sommerfrischler aus München.

Auch Surfer und Segler, die hier in Surf- und Segelschulen ihre Sportart von Grund auf lernen können, schätzen den Wörthsee. Vor allem das nordöstliche Ende des Sees bei Walchstadt wird aufgrund der guten Windverhältnisse stark frequentiert, und das nicht nur im Sommer. Sobald die Eisdecke im Winter dick genug ist, kommen Eissegler und Eissurfer und flitzen über die glatte Oberfläche.

Badespaß im Wörthsee.
Bild unten: Warten auf die frische Brise: die Segelboote am Ufer des Wörthsees.

23 Rund um den Wörthsee

Wissenswertes

■ **Ausgangspunkt** Steinebach (578 m).
■ **Anfahrt** Mit dem Auto über die A 96 bis zur Ausfahrt Wörthsee und nach Steinebach; mit der S-Bahn (S 5) nach Steinebach.
■ **Endpunkt** Wie Ausgangspunkt.
■ **Zeitaufwand** 4 Std.
■ **Einkehrmöglichkeiten** Gasthäuser in Steinebach und Bachern.

■ Steinebach

Die Gemeinde am Nordufer des Sees umfasst seit 1972 die Ortsteile Etterschlag, Walchstadt, Schluifeld, Waldbrunn, Steinebach und Auing. Zu den rund 4.300 Einwohnern kommen noch 600 Zweitwohnungsnehmer. Bei Ausgrabungen in Auing wurden Reihengräber aus der Zeit der Agilolfinger (6.–8. Jh.) entdeckt. Bei einer dabei gefundenen Pressblechscheibe mit einem Männerkopf könnte es sich um die früheste Christusdarstellung nördlich der Alpen handeln.

Schon vor Jahrhunderten zog es wohlhabende Münchner hinaus an den malerischen See, der die landschaftliche Vielfalt des Fünfseenlandes auf kleinem Raum zusammenfasst.

Wer sich dem Wörthsee von oben nähert, etwa von Steinebach mit seinen stattlichen Bauernhöfen und der malerischen Kirche, muss sich fast in diese Landschaft verlieben. Der in der Sonne glitzernde See ist eingebettet in eine traumhafte Hügellandschaft, umgeben von saftig grünen Wiesen und dichten Wäldern, und dazwischen Bauernhäuser, wie es sie nur in Bayern gibt.

Am Wörthsee ist die landschaftliche Vielfalt des Starnberger Fünfseenlandes auf engem Raum zusammengefasst. Ein Juwel, das nicht erst in der heutigen Zeit zu den beliebtesten Ausflugszielen der Münchner zählt. Schon vor Jahrhunderten zog es die Münchner wie beispielsweise die Patrizierfamilie Katzmair hinaus an den Wörthsee, und wer es sich leisten konnte, der kaufte sich bereits damals große Ländereien.

Wer sich auf die Tour rund um den Wörthsee begibt, wird begeistert sein angesichts der Fülle an Landschaftseindrücken. Die Route führt überwiegend am See entlang, nur bei Walchstadt verlässt man das Ufer und betrachtet den Wörthsee mit etwas Distanz von oben. Eine Rundtour, bei der man immer wieder an schönen Badeplätzen vorbeikommt und auf großzügige Liegewiesen trifft, auf denen man die heißen Sommertage in einer besonders angenehmen Art und Weise verbringen kann.

Die Äpfel sind reif: Obstanbau bei Schlagenhofen.

Ausgangspunkt der Tour ist Steinebach bzw. die S-Bahn-Station etwas oberhalb. Vorbei an der Kirche St. Martin mit einer gotischen Madonnenplastik aus der Zeit um 1400 und schönen Fresken geht es auf dem Birkenweg hinunter zum Ufer des Wörthsees und dann im Uhrzeigersinn um den See. Bis Bachern am Westufer bewegt man sich immer in Ufernähe, bewundert den See, die Segelhäfen und imposanten Villenbauten und erreicht schließlich das große Erholungsgebiet Oberndorf.

Schön ist der Blick auf die kleine Insel Wörth, auf der bereits kurz nach 1400 ein erstes Schloss gebaut wurde. 1770/71 wurde es abgerissen und durch einen Neubau ersetzt. Die Insel ist in Privatbesitz und darf daher nicht betreten werden. Wir setzen die Tour fort und entfernen uns ab Bachern vom Wörthsee, da das Bacherner Moos den direkten Zugang zum See verwehrt. Entlang der Straße geht es hinauf nach Walchstadt, dem ältesten Ortsteil der Gemeinde Wörthsee. Wer will, kann gleich am Ortsrand wieder hinunter an den See radeln, ansonsten fährt man durch den Ort und erreicht kurz darauf das Nordufer des Wörthsees. Der Rest der etwa 13 Kilometer langen Runde führt erst auf der Seestraße, dann auf der Seepromenade immer am Wasser entlang zurück nach Steinebach.

Bei Sonnenuntergang zeigt sich die Umgebung des Wörthsees – hier bei Steinebach – von ihrer romantischen Seite.

24 Der Pilsensee

Wissenswertes

■ **Anfahrt** Mit dem Auto über die A 96 zur Ausfahrt Oberpfaffenhofen und über Weßling nach Seefeld und zum See; mit der S-Bahn (S 5) bis Seefeld-Hechendorf und zum See (3 km).
■ **Parken** Bei den Badeplätzen.
■ **Baden** Südlich des Campingplatzes und am Strandbad.
■ **Wasserqualität** Gut.
■ **Wassersport** Segel- und Surfschule in Seefeld.
■ **Fun & Action** Surfen, Segeln, Bootsverleih, Tischtennis, Angeln.
■ **Für Kinder** Spielplatz.
■ **Einkehr** Kiosk und Gaststätten.

Die traumhafte Eichenallee zwischen Seefeld und Weßling geht zurück auf Clemens Anton Graf von Toerring, der sie im 18. Jahrhundert anlegen ließ.

Am Fuß des malerischen Schlosses Seefeld bietet der idyllische Pilsensee im Sommer viel Platz zum Schwimmen, Surfen und Segeln. Und im Winter zieht seine Eisfläche Eissegler an.

Wer mit der Zeitmaschine ein paar tausend Jahre zurückreist, etwa bis kurz nach dem Ende der letzten Eiszeit, wird sich verwundert die Augen reiben. Denn der Pilsensee war vor knapp 10.000 Jahren noch ein Teil des riesigen Ammersees. Erst im Laufe der Zeit trennten die Ablagerungen des Kienbachs den fingerförmigen Seitenarm ab – der Pilsensee war geboren. Heute trennt die beiden Seen das ausgedehnte, unter Naturschutz stehende Herrschinger Moos.

Der Pilsensee ist ein Naturjuwel. Nur am Nordufer des 195 Hektar großen Sees, der sich idyllisch zwischen die dicht bewaldeten Höhenzüge schmiegt, reichen die Häuser von Hechendorf bis an den See. Ansonsten sind weite Bereiche des Ufers dicht bewachsen, 35 Prozent davon sollten aus ökologischen Gründen vom Menschen unberührt bleiben. Die Welt ist hier noch in Ordnung, so scheint es auf den ersten Blick. Nachdenklich stimmt allerdings, dass 43 Prozent des Ufers nicht wegen der Natur, sondern aufgrund privater Nutzung nicht betreten werden dürfen…

Dennoch, der Pilsensee schmiegt sich verträumt in das kleine Tal, die vielen Privatgrundstücke sind schön zugewachsen, der Blick auf die Häuser ist verdeckt, und es gibt zwei beliebte Badeplätze. Neben einem kleinen Strandbad bei Hechendorf steht das Erholungsgebiet

Pilsensee-Ost mit großer Liegewiese und der nötigen Infrastruktur wie Parkplatz, Kiosk und Kinderspielplatz zur Auswahl. Von hier aus stechen auch die Surfer in den See, wobei die Bedingungen vor allem für Anfänger optimal sind. Kurz, der Pilsensee mit dem schönen Schloss Seefeld, das seit über 800 Jahren auf einem Hügel über dem See thront, ist ein beliebtes Ausflugsziel an heißen Sommertagen. Kein Wunder, dass auf dem großen Campingplatz direkt am See die vielen Stellplätze oft knapp werden – der eine oder andere Münchner hat hier seinen Wohnwagen sogar ganzjährig stehen.

Nach der Badesaison kehrt dann vorübergehend Ruhe ein, allerdings nur für einige wenige Monate. Denn es braucht nur einige klirrend kalte Nächte, bis sich auf der Wasseroberfläche eine tragfähige Eisdecke bildet und der Pilsensee erneut in den Mittelpunkt des Interesses rückt. Die meist makellose Eisfläche lockt Schlittschuhläufer und Eissegler an, die hier perfekte Bedingungen vor wunderschöner Kulisse antreffen.

Gut versteckt: Vom Pilsensee aus verdecken hohe Bäume den freien Blick auf das Schloss.

■ Die Grafen von Toerring

Die Nachfahren von Clemens Anton Graf von Toerring verfügen heute sowohl im Fünfseenland als auch in Baden-Württemberg über ausgedehnten Waldbesitz. Sie pflegen eine intensive Forstwirtschaft, die gräflichen Forstreviere gelten als besonders wildreich.

25

Schloss Seefeld

*Das wuchtige Schloss thront malerisch über dem idylli-
schen Pilsensee und zieht mit Veranstaltungen, einem
Museum, Geschäften und einem Bräustüberl Besucher an.*

Die Lage auf einer Anhöhe über dem länglichen Pilsensee könnte
schöner nicht sein. Früher war die mächtige Anlage von Schloss Seefeld bereits von weitem zu sehen. Doch mittlerweile sind die Bäume
ringsum so hoch gewachsen, dass von dem Schloss bei einem flüchti-
gen Blick im Vorbeifahren fast nichts mehr zu sehen ist. Auch wer
beim Baden am Ufer des Pilsensees liegt, sieht nur einen Teil des
Gebäudes über dem dichten Waldgürtel aufragen.

Umso verzückter wird man sein, wenn man hinaufspaziert zum
Schloss und dort die wahren Dimensionen erkennt. Im Jahr 1302
wurde Schloss Seefeld als die Feste Schlossberg zum ersten Mal
urkundlich erwähnt, die ältesten Burgteile dürften allerdings bereits
im 12. Jahrhundert entstanden sein. Große Bautätigkeit herrschte
während der Barockzeit, in der viele der heute noch zu sehenden
Gebäudeteile errichtet wurden. Seit Jahrhunderten gehört das Schloss
der Linie Toerring, wobei sich seit der prächtigen Hochzeit von Hans
Veit III. – dem Sohn von Clemens Graf zu Toerring-Jettenbach – mit
Sophie, der Herzogin in Bayern und Schwester von Sisi von Österreich, die Nutzung des Schlosses komplett geändert hat.

*Ein Auge fürs Detail: Der
Goldschmuck wird mit viel
Liebe gearbeitet.*

Das unter Schutz stehende Schloss Seefeld ist heute – nach umfang-reichen und teuren Renovierungen durch Graf Hans Caspar zu Toer-ring-Jettenbach – ein beliebter Künstlertreff. Neben einem Breit-wandkino, der Zweigstelle des staatlichen Völkerkundemuseums (die jährlich wechselnde Ausstellungen zeigt) und einem Veranstaltungs-saal haben sich hier mehrere Künstler eingerichtet. Daneben beher-bergt das Schloss auch Firmen, Handwerker und Gewerbetreibende. Vom Parkplatz am Fuß des Schlossberges führt ein Fußweg hinauf zur Brücke und zum Torbogen, durch den man den Schlosshof mit den Kunsthandwerker-, Möbel- und Antiquitätengeschäften, dem Kino, Museum und Bräustüberl betritt. Das gemütliche Bräustüberl Schloss Seefeld mit dem Biergarten im Innenhof des Schlosses gibt es seit Mitte der 90er Jahre, wobei die jahrhundertealten historischen Räumlichkeiten sich für festliche Anlässe geradezu anbieten. Einen Namen gemacht hat sich Schloss Seefeld auch durch Klassik-Konzer-te und regelmäßige Ausstellungen.

Das Gewölbe bildet das passende Ambiente für die Vinothek.

Gut bewacht: der Eingang ins Völkerkundemuseum.

26 Rund um den Pilsensee

Wissenswertes

■ **Ausgangspunkt** Seefeld (572 m).
■ **Anfahrt** Mit dem Auto über die A 96 zur Ausfahrt Oberpfaffenhofen und über Weßling nach Seefeld und zum Parkplatz unterhalb von Schloss Seefeld; mit der S-Bahn (S 5) bis Seefeld-Hechendorf.
■ **Endpunkt** Wie Ausgangspunkt.
■ **Zeitaufwand** 3.30–4.30 Std.
■ **Einkehrmöglichkeiten** Gasthäuser in Herrsching, Widdersberg und Seefeld, Bräustüberl im Schloss Seefeld.

Vom eindrucksvollen Schloss Seefeld aus kann die wunderbare Umgebung des Pilsensees zu Fuß oder mit dem Fahrrad erkundet werden.

An heißen Sommertagen lädt das erfrischende Nass des Pilsensees natürlich zum Baden ein, während man an verregneten Tagen besser Schloss Seefeld mit seinen verspielten Läden besucht oder die Arbeiten des Goldschmieds betrachtet – ein Besuch, der manchmal auch teuer enden kann… Unabhängig vom Wetter oder der Jahreszeit ist der Pilsensee aber auf jeden Fall ein ideales Gebiet für Wanderungen oder Radtouren.

Gute Parkmöglichkeiten findet man auf dem großen Parkplatz unterhalb von Schloss Seefeld. In welcher Richtung man die Rundtour unternimmt, ist dabei Geschmackssache. Wer gegen den Uhrzeigersinn aufbricht, muss am Nordostufer ein kurzes Stück entlang der Straße nach Hechendorf wandern, um dann noch vor der S-Bahn Richtung See abzuzweigen. Die Straße führt immer entlang der Bahnlinie und darf nur im ersten Abschnitt von Autos befahren werden. Vorbei am kleinen Strandbad mit seiner Liegewiese und dem schönen Blick über den See auf Schloss Seefeld spaziert man auf der Seestraße durch dichten Wald zum Herrschinger Moos, das den Pilsensee vom Ammersee trennt. Das Tierparadies, in dem selbst einige gefährdete, schilfbewohnende Vogelarten wie die Rohrdommel ein

Spätestens in Widdersberg sollte man eine Rast einlegen.

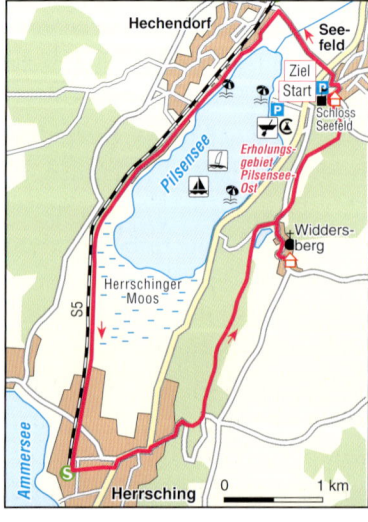

Zuhause finden, steht unter Naturschutz. Da durch das Moos kein Weg führt, muss man bis Herrsching wandern und einen Abstecher zur langen Seepromenade unternehmen oder in einem der Gasthäuser oder Biergärten am Ufer des Ammersees gemütlich einkehren. Anschließend geht es weiter Richtung Frieding und auf dem Höhenrücken des Weinbergs zum kleinen Weiher unterhalb von Widdersberg. Ein kurzer Abstecher in den Ort lohnt sich, zum einen wartet dort ein gemütliches Wirtshaus mit schönem Biergarten, zum anderen sollte man einen Blick in die Filialkirche St. Michael werfen, die auf dem höchsten Punkt des Ortes thront. Das ursprünglich spätgotische Gotteshaus wurde um 1770 barockisiert. Der kleine Ort lag direkt an der Römerstraße Augsburg-Brenner, der Grabstein eines römischen Ehepaars ist neben dem Haupteingang der Kirche zu sehen. Der Weg führt weiter durch einen traumhaften Wald zum kleinen Bach des Höllgrabens und an den Fuß von Schloss Seefeld, das von hier wahrlich würdevoll aussieht.

In Seefeld steht das Wirtshaus gleich neben der Kirche.

Nächste Doppelseite: Herrsching am Ammersee mit seiner langen Seepromenade.

Ammersee

27 Der Ammersee

Wissenswertes

■ **Anfahrt** Mit dem Auto über die A 96 entweder zur Ausfahrt Oberpfaffenhofen und über Weßling und Seefeld nach Herrsching oder über die A 96 weiter zur Ausfahrt Inning a. Ammersee; mit der S-Bahn (S 5) nach Herrsching.

■ **Parken** Bei den Badeplätzen.

■ **Baden** Strandbäder in St. Alban, Dießen, Riederau, Schondorf, Utting und Herrsching, zahlreiche Badeplätze rund um den See.

■ **Wasserqualität** Sehr gut.

■ **Wassersport** Surfschulen in Inning und Herrsching-Aidenried.

■ **Fun & Action** Surfen, Segeln, Bootsverleih, Angeln, Schifffahrt Ammersee.

■ **Für Kinder** Spielmöglichkeiten in den Strandbädern.

■ **Einkehr** Gaststätten in den Strandbädern und rund um den See.

Bis nördlich vom Ammersee reichten einmal die Gletscher. Heute locken gemütliche Seepromenaden und schöne Strandbäder die Münchner an das »Eiszeitrelikt«.

Die Gegend um den Ammersee markiert den nördlichsten Punkt, den der Isar-Loisach-Vorlandgletscher während der Riss-und Würmeiszeit vor einigen tausend Jahren erreicht hat. Bis in die heutige Zeit sind die Spuren des gewaltigen Seitenarmes des Inngletschers, der sich über den Fernpass weit ins Alpenvorland hinein schob, nicht zu übersehen. Seinen Verlauf bezeugen einige der schönsten Seen Bayerns wie der Staffel- und Riegsee. Und im Zungenbereich räumte der mächtige Gletscher ein 42 Kilometer langes und zehn Kilometer

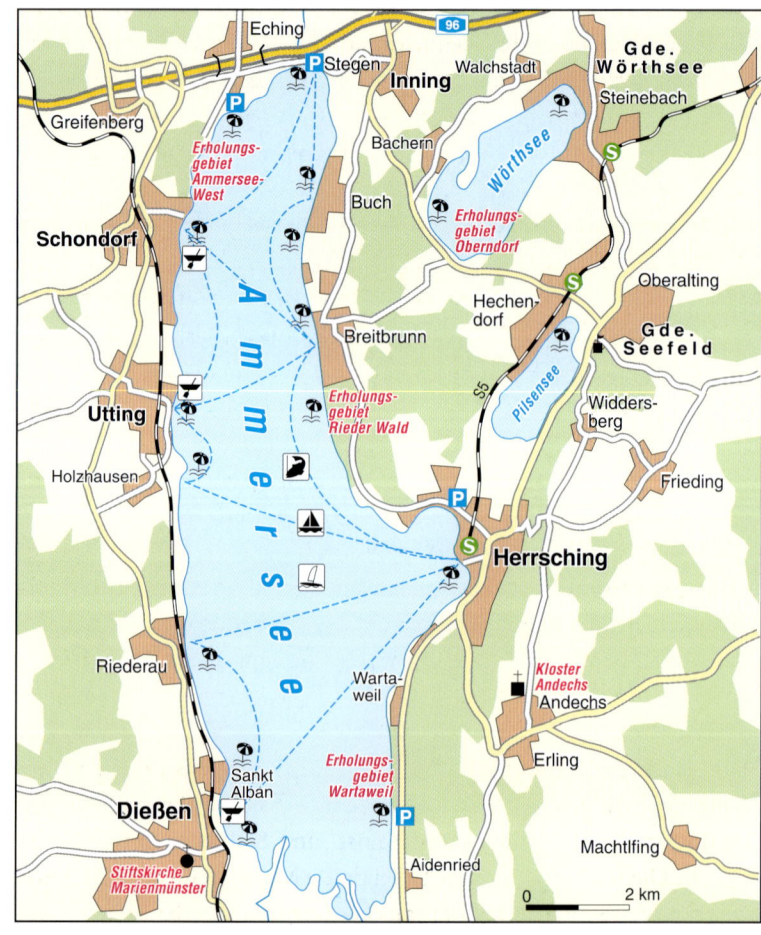

breites Becken aus, das sich nach dem Abschmelzen des Eises schnell mit Wasser füllte – die Geburtsstunde des Ammersees.

Die heutigen Dimensionen können sich sehen lassen: Der bis zu 81 Meter tiefe See ist 16 Kilometer lang und zwischen drei und sechs Kilometer breit. Damit ist der Ammersee der drittgrößte See Bayerns. Trotz der Nähe zu München – der Ammersee liegt nur 35 Kilometer vor den Toren Münchens, und eine S-Bahn-Linie führt in Herrsching bis fast an den Strand – findet man rund um den See viel ursprüngliche Natur. Die Ufer sind nur wenig bebaut und überwiegend naturbelassen. Ökologisch besonders wertvoll sind die breiten Schilfgürtel am Süd- und Nordufer, die Verlandungszonen im Deltabereich der Ammer sowie das Ampermoos zwischen dem Nordufer und Grafrath. Das Moos gilt als größtes deutsches Brutgebiet des Kiebitzes, am Südufer des Ammersees finden auch gefährdete Vogelarten wie Beutelmeise oder Purpurreiher einen geschützten Lebensraum. Neben den unter Naturschutz stehenden Zonen gibt es allerdings noch genügend Bereiche, an denen man ungehindert ans Ufer kommt.

Als Badesee steht der westlichste See der Starnberger Fünfseenplatte ganz hoch im Kurs, schließlich ist das Wasser glasklar, sehr sauber, im Sommer meist deutlich über 20 Grad warm und im Uferbereich oft so flach, dass Kinder gefahrlos planschen können. Neben Herrsching mit seiner geschützten Bucht finden Erholungssuchende zahlreiche Badeplätze rund um den See, etwa zwischen den Hauptorten des Ammersees. Einer der schönsten befindet sich bei Sankt Alban; die weitläufigen Liegewiesen sind bestanden mit großen, alten Bäumen, die ausreichend Schatten spenden. Nur zu Fuß erreichbar ist das Erholungsgelände Rieder Wald im Nordosten des Sees. Die Strandbäder in Breitbrunn, Stegen, Eching, Schondorf, Utting, Riederau und Dießen kosten dagegen teilweise Eintritt. Die bequemste Art, um von Badeplatz zu Badeplatz zu kommen, ist übrigens die Fahrt mit einem Schiff der Ammerseeflotte. Doch der Ammersee bietet weit mehr als nur Badefreuden. Segler und Surfer schätzen die Vorzüge der großen Wasserfläche und sorgen für bunte Farbtupfer auf dem blauen Nass, Wanderer und Radler finden ausgedehnte Tourenmöglichkeiten am See und in der Umgebung, und Kunst- und Kulturliebhaber besichtigen in Dießen die großartige Stiftskirche Marienmünster oder besuchen das Museum im Künstlerhaus Gasteiger in Holzhausen.

Im Wasser planschen oder mit Treibgut spielen: Das flache Ufer beim Erholungsgelände in Stegen ist ideal für Kinder.

■ Dießen

Der historische Markt Dießen liegt am Südwestende des Ammersees. Wahrzeichen ist das von weither sichtbare Marienmünster. Allein im Ort gibt es drei Strandbäder, mehrere Bootsverleihe und die älteste Binnensee-Segelschule Deutschlands. Per Linienschiff sind viele weitere Anlegestellen rund um den Ammersee erreichbar.

■ MVV

Wer auf das Auto verzichten will, bekommt beim MVV (Münchner Verkehrsverbund) übrigens günstige Kombitickets für die ganze Familie, die für U- und S-Bahn und die bayerische Seenschifffahrt gelten. Und wenn es doch einmal ein paar Schritte sind, so lockt am Ende des Weges schließlich eine herrliche Erfrischung im kühlen Nass.

28 Mit dem Schiff über den Ammersee

Wissenswertes

■ **Schifffahrt Ammersee**
Regelmäßiger Linienverkehr sowie Rundfahrten von Mitte April bis Mitte Oktober. Verschiedene Erlebnisfahrten wie Schmankerlfahrten, Italienische Nacht, Tanzfahrten oder Karibische Nacht. Infos: Landsberger Str. 81, 82266 Inning/Stegen, Tel. 08143/94021, www.seen-schifffahrt.de

Am Ammersee werden Schifffahrtsträume wahr. Seit Mai 2002 gibt es einen zweiten Schaufelraddampfer, der Nostalgie mit Hightech in perfekter Weise verbindet.

Am Ammersee kommen einem schnell romantische Gedanken, wenn in der heutigen Hightech-Zeit der bereits 1908 gebaute Schaufelraddampfer Dießen in den Hafen einläuft. Eine Rarität, die nun Konkurrenz bekommt. Schließlich wurde erst im Mai 2002 ein neuer Schaufelraddampfer in Betrieb genommen, der Nostalgie mit Hightech in perfekter Weise verbindet. Das für 250 Personen zugelassene Schiff – für 150 davon ist Platz im Innenraum – besitzt eine ansprechende und gehobene Innenausstattung, die ihm eine besondere Eleganz verleiht. Das 54 Meter lange und bis zu 14 Meter breite Schiff ist übrigens seit über 70 Jahren der erste in Deutschland neu gebaute Schaufelraddampfer.

Die Geburtsstunde der Ammersee-Schifffahrt schlug 1876, nachdem mehrere Dießener Bürger Geld für ein erstes Schiff zusammenlegten.

Zwei Anziehungspunkte am Ammersee: die Bayerische Seenschifffahrt und das Kloster Andechs.

Seitdem bringen die Schiffe Touristen, Einheimische und Pilger sicher über den 47 Quadratkilometer großen See. Auf der großen, rund dreieinhalb Stunden dauernden Rundfahrt lernt man dabei die wichtigsten Orte an den Ufern des im Volksmund auch »Bauernsee« genannten Gewässers kennen. Ausgangspunkt ist Herrsching, der touristische Höhepunkt am Ostufer.

Eine Schifffahrt auf dem Ammersee ist vor allem ein landschaftliches Highlight. Denn der See ist umgeben von viel Natur, die in weiten Bereichen wirklich noch unberührt ist. Vom Schiff aus sieht man die romantischen, verschwiegenen Plätzchen und merkt sie sich für den nächsten Uferspaziergang. Statt prächtiger Schlösser, die am Starnberger See immer wieder

unvermittelt hinter einem grünen Vorhang aus alten Bäumen auftauchen, faszinieren am Ammersee die zahlreichen Kirchtürme, die stolz inmitten der Orte thronen oder einsam aus dem Wald ragen.

Über der langen Uferpromenade von Herrsching und einem dichten Waldgürtel taucht der Kirchtum von Andechs auf, bereits von weitem ist die prächtige Klosterkirche Maria Himmelfahrt in Dießen zu sehen, in Holzhausen kann man das kleine, unweit des Ufers gelegene Künstlerhaus Gasteiger besuchen (das übrigens auch das passende Ambiente für romantische Trauungen liefert), die kleine Wallfahrtskirche von St. Alban schmiegt sich auf eine kleine Halbinsel nördlich von Dießen, und in Schondorf ist bereits von weitem die auf einem Hügel über dem Ort stehende St. Anna-Kirche zu sehen.

Das Zählen von Kirchtürmen ist aber nur ein Aspekt auf einer Schiffsfahrt, in erster Linie genießt man es einfach, in der Sonne zu sitzen, zu schauen, zu genießen und sich dabei den Fahrtwind um die Nase wehen zu lassen.

Unverwüstlich ist der Schaufelraddampfer Dießen, der seit 1908 über den Ammersee fährt.

■ **Seenschiffahrt**
Beliebt ist die Flotte der Bayerischen Seenschifffahrt auch für private Feiern und Ausflüge. Man kann die Schiffe zu den verschiedensten Anlässen chartern – Hochzeiten, Geburtstage, Jubiläen, Firmenausflüge – und den Rahmen der Feier ganz individuell festlegen. Vor allem romantische Hochzeitsfeiern auf den Seen haben Hochkonjunktur.

29

Im Endmoränengebiet von Grafrath

Wissenswertes

■ **Ausgangspunkt** Grafrath (535 m).
■ **Anfahrt** Mit dem Auto über die A 96 bis zur Ausfahrt Inning a. Ammersee und nach Grafrath; mit der S-Bahn (S 4) nach Grafrath.
■ **Endpunkt** Wie Ausgangspunkt.
■ **Zeitaufwand** 1.30–2 Std. (mit dem Fahrrad).
■ **Einkehrmöglichkeiten** Gasthäuser in Grafrath, Bauernhofmuseum Jexhof.

Bild Seite 71 oben: Eine Besonderheit: Die Pferdeställe waren im Wohnhaus untergebracht. Bild Seite 71 unten: Bis ins Jahr 1980 war der Jexhof bewohnt.

Vom Ammersee ist hier nichts mehr zu sehen, und doch reichten die Wassermassen nach der Eiszeit bis zum Endmoränenwall bei Grafrath.

Die Lindauer Autobahn führt direkt am Nordufer des Ammersees vorbei und zieht so eine Grenze, wo früher keine war. Südlich der Schnellstraße der See, nördlich das unter Naturschutz stehende Ampermoos. Vor einigen tausend Jahren war auch hier noch Wasser, und Grafrath gut fünf Kilometer weiter nördlich lag direkt am Ufer des Ammersees. Der See ist heute nur noch in der Ferne zu ahnen, der Abfluss grub sich immer tiefer in die Endmoräne und senkte so den Seespiegel auf das heutige Niveau. Entstanden sind dadurch ausgedehnte Moorflächen, die einer Vielzahl von Vögeln einen idealen Rückzugs- und Lebensraum bieten. Wer eine Landkarte zur Hand hat, erkennt gut die ehemaligen Ausmaße des Sees und sieht auf einen Blick, dass Grafrath nördlich der Lindauer Autobahn trotz der künstlichen »Grenze« untrennbar zum Fünfseenland zählt.

Die Endmoränenlandschaft mit ihren Erhebungen und Senken, mit dem von der Amper durchflossenen Moos und dem Moränendurchbruch bei Wildenroth ist eine abwechslungsreiche Landschaft, ideal zum Wandern und Radfahren. Die Abtrennung vom zentralen Fünfseenland durch die Autobahn ist dabei nur von Vorteil. Wer Ruhe und Einsamkeit sucht, findet sie am ehesten hier, im Endmoränengebiet der Würmeiszeit.
Von Grafrath geht es hinunter zur Amper und über die Brücke zum Franziskanerkloster mit der Wallfahrtskirche St. Rasso, ein sehenswerter Bau mit prächtiger Innenausstattung. Über Unteralting in südlicher Richtung zum Billerberg, einer kaum

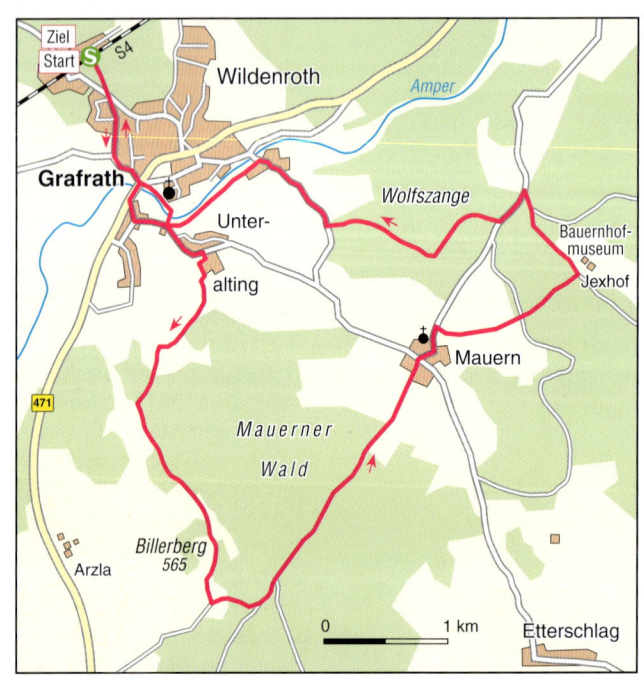

wahrnehmbaren Erhebung inmitten schöner Wiesen, dem Mauerner Wald westlich vorgelagert. Wer den Weg weiter verfolgt, kommt nach Inning und zum Ammersee. Wir aber zweigen südlich des Billerbergs nach Osten ab und fahren oder wandern durch den Mauerner Wald nach Mauern und zur kleinen spätgotischen Kapelle St. Georg.

Weiter in nordöstlicher Richtung zum 1987 eröffneten Bauernhofmuseum Jexhof, das einen guten Einblick in das ländlich-bäuerliche Leben auf einem größeren Hof kurz nach der Jahrhundertwende gibt. Daneben gibt es ein attraktives Jahresprogramm und jährlich wechselnde Sonderausstellungen zu volkskundlichen und regionalge-schichtlichen Themen. Der denkmalge-

■ **Jexhof**
Bauernhofmuseum des Landkreises Fürstenfeld-bruck, 82296 Schöngeising, Tel. 0 81 53/9 32 50 , www.jexhof.de.
Öffnungszeiten: Täglich von Ende März bis Ende Oktober (außer Karfreitag) von 13.00 bis 17.00 Uhr, Montag Ruhetag, außer an Feiertagen.

schützte Dreiseithof wurde bereits 1433 urkundlich erwähnt und liegt wunderschön in einem offenen Tälchen, umgeben von ausgedehnten Wäldern und dem Naturschutzgebiet Wildmoos.

Zurück nach Grafrath folgt man ein kurzes Stück der Straße nach Mauern, um dann nach rechts abzubiegen und an der Erhebung der Wolfszange vorbei die Amper zu erreichen. Am Fluss entlang zurück zum Ausgangspunkt.

30 Von Eching nach St. Ottilien

Wissenswertes

■ **Ausgangspunkt** Eching (541 m).
■ **Anfahrt** Mit dem Auto auf der A 96 zur Ausfahrt Inning a. Ammersee und nach Eching.
■ **Endpunkt** St. Ottilien, über Pflaumdorf zurück nach Eching oder Bahnanschluss nach Grafrath, von dort S-Bahn-Anschluss.
■ **Zeitaufwand** 1.30–2 Std. (mit dem Fahrrad).
■ **Einkehrmöglichkeiten** Gasthäuser in Eching und Schondorf, Hechenwang, Windach, Eresing, Klostergaststätte.

■ **Missionsmuseum Sankt Ottilien**
Erzabtei, 86941 Sankt Ottilien, Tel. 0 81 93/7 10. Öffnungszeiten: Von Oktober bis Mai täglich von 10 bis 12 und von 13 bis 17 Uhr, von Juni bis September täglich von 10 bis 12 und von 13 bis 18 Uhr.

Die Kirchtürme geben die Richtung vor. Nordwestlich des Ammersees haben sich berühmte Kirchenbaumeister kleine »Denkmäler« geschaffen.

Der kürzeste Weg muss nicht immer der schönste sein. Eine Weisheit, die sich auf dieser Tour wieder einmal auf eindrucksvolle Weise bewahrheitet. Von Eching nach St. Ottilien sind es Luftlinie gerade mal knapp sechs Kilometer, und der Weg dorthin ist landschaftlich durchaus reizvoll. Doch weitaus abwechslungsreicher, vor allem in kultureller Hinsicht, ist der Umweg über Schondorf, Hechenwang, Windach und Eresing.

Vom Erholungsgebiet Eching, das wunderschön am Nordufer des Ammersees gelegen ist, wandert man am Ufer entlang nach Schondorf und von dort hinauf zur alles überragenden Pfarrkirche St. Anna und zum Beginn des Ammersee-Höhenwegs. Statt diesem zu folgen, wandert man in westlicher Richtung durch Wiesen und ein kleines Moorgebiet nach Hechenwang. Ein kleiner Ort mit einer auffallenden Kirche, die vor allem durch hochwertige Stuckarbeiten und Deckenmalereien im Innenraum überrascht. Die Erklärung liegt in der Person des Baumeisters: Die Filialkirche St. Martin ist das Erstlingswerk des Wessobrunner Baumeisters Joseph Schmuzer.

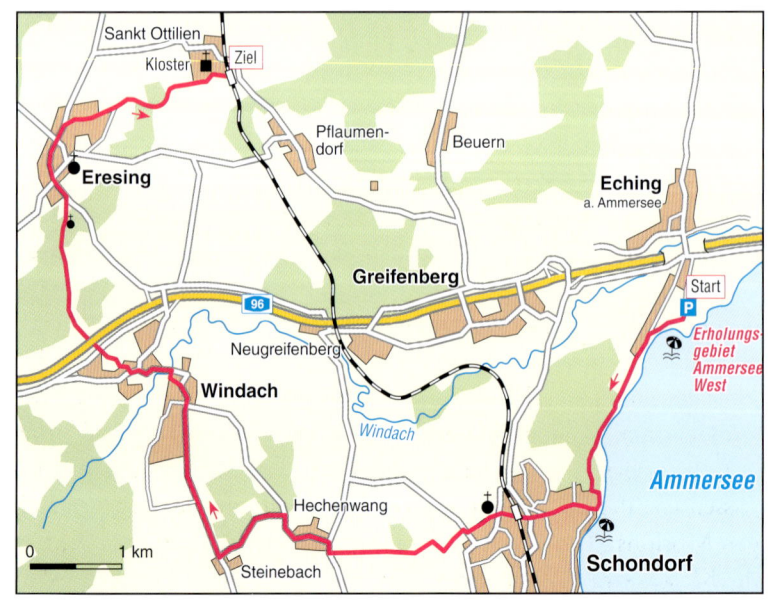

Ein stattlicher Bau: das 1887 gegründete Kloster St. Ottilien.

Weiter in westlicher Richtung nach Steinebach und auf der ehemaligen Römerstraße nach Windach. Sehenswert sind das im alten Schloss untergebrachte Rathaus und die Kirche St. Petrus und Paulus. Um die stark befahrene Straße nach Eresing zu meiden, ist es besser, einen kleinen Umweg zu machen, und zwar in nordwestlicher Richtung zu einer Autobahnunterführung, dann am Waldrand entlang zu einer Kapelle und nach Eresing mit der Pfarrkirche St. Ulrich. Mit Dominikus Zimmermann, dem Erbauer der Wieskirche, hat sich hier ein anderer großer Baumeister verewigt.

In nordöstlicher Richtung geht es weiter zum weithin sichtbaren Kirchturm des Klosters St. Ottilien, das erst 1887 gegründet wurde. Blickfang ist der 75 Meter hohe Turm der Abteikirche (Herz-Jesu-Klosterkirche), vor der die kleine, der Hl. Ottilie geweihte Kapelle fast verschwindet. Die Namensgeberin für das Kloster der Missionsbenediktiner glänzt dafür im Inneren, das Chorgewölbe schmücken Stuckverzierungen von Johann Schmuzer. Im Kloster selbst, das mittlerweile ein ganzes Klosterdorf mit Gymnasium, Exerzitien- und Gästehäusern, einem Verlag, zahlreichen Werkstätten und einer Landwirtschaft umfasst, kann ein Missionsmuseum mit einer naturwissenschaftlichen und ethnologischen Sammlung aus den ehemaligen Missionsgebieten bewundert werden, ehe man zum Ausklang in der Klosterwirtschaft einkehrt.

Die Glasfenster zeigen verschiedene religiöse Motive.

31 Am Ammersee-Westufer

Wissenswertes

■ **Ausgangspunkt** Stegen (540 m).
■ **Anfahrt** Mit dem Auto auf der A 96 zur Ausfahrt Inning a. Ammersee und nach Stegen. Mit der S-Bahn (S 4) nach Geltendorf, weiter mit der Bahn nach Schondorf und mit dem Schiff nach Stegen.
■ **Endpunkt** Dießen, Bahn-Anschluss, mit dem Schiff zurück nach Stegen.
n Zeitaufwand 4.30–5 Std.
■ **Einkehrmöglichkeiten** Gasthäuser in Stegen, Schondorf, Utting, Riederau und Dießen.

Schon Künstler wie Bert Brecht, Wilhelm Leibl oder Hans Pfitzner schätzten den Ammersee und ließen sich von der Landschaft am Westufer inspirieren.

Am Ammersee-Nordufer ist man hin- und hergerissen zwischen der Freude über die Schönheit der Landschaft und dem Verdruss über die nahe Autobahn. Trotz eines idyllischen Auwalds entlang der Amper und eines wirklich schönen Erholungsgebietes bei Eching, das mit großer Liegewiese und Traumblick über den See bis zu den Bergen aufwartet, die Straße ist nicht zu überhören. Doch mit jedem Meter Richtung Süden taucht man mehr ein in die Faszination Ammersee, und spätestens auf Höhe des Weingartens ist man gefangen von der Landschaft. Das ist auch der Grund, warum sich hier, am Westufer des Ammersees, um 1900 viele Künstler versammelten. In Schondorf am Nordwestufer fühlten sich neben Bert Brecht, dessen Gedicht »Zeit meines Reichtums« an seinen dortigen Aufenthalt erinnert, auch der Maler Wilhelm Leibl oder der Komponist Hans Pfitzner – dem ein Denkmal in den Seeanlagen gewidmet ist – wohl. Vorbei am Strandbad von Schondorf erreicht man die Seestraße und die Uferpromenade mit der Schiffsanlegestelle. Gegenüber steht ein Wirtshaus mit großem Gastgarten und – unübersehbar – die Kirche St. Jakob, die zu den besterhaltenen romanischen Sakralbauten Oberbayerns zählt. Gegen Mitte des 12. Jahrhunderts wurde der stattliche Bau, der zum Typ der romanischen Doppelkapellen gehört, in sauber gefugten Tuffquadern errichtet, die Mauerstärke beträgt bis zu zwei Meter! Vorbei an einem beliebten Kinderspielplatz, auf dem ein Schiff

Sehr beliebt: der Kinderspielplatz in Schondorf.

den unübersehbaren Mittelpunkt bildet, führt der Weg entlang des Ufers nach Utting. Wer auf dem Uferweg bleibt, läuft fast vorbei, denn der Ort selbst liegt hinter der Bahnlinie.

Bei Holzhausen südlich von Utting steht in einem kleinen malerischen Park am Ufer des Ammersees das Künstlerhaus Gasteiger. Das kleine Museum zeigt Werke des Künstlerehepaars Anna Sophie Gasteiger (1877–1954) und Mathias Gasteiger (1871–1934). Gasteiger war eine Münchner Künstlerpersönlichkeit, der sich nicht nur durch das »Münchner Brunnenbuberl«, einer Brunnengruppe in der Fußgängerzone beim Karlstor, einen Namen gemacht hat. Der Landschaftspark mit den stattlichen Bäumen und die geometrischen Gartenteile um das Haus wurden nach Originalplänen und Fotos wiederhergestellt. Bis Riederau soll dies der letzte Blick auf den See gewesen sein, denn auf dem Abschnitt durch das Naturschutzgebiet Seeholz verhindert der dichte Wald den Blick aufs Wasser.

Kurz vor Dießen erreicht man St. Alban mit seinem Segelhafen, dem Benediktinerkloster und einem schönen Kirchlein. Die ursprünglich gotische Wallfahrtskirche auf einer etwas vorgeschobenen Landzunge wurde 1770 im zierlichen Rokokostil erneuert und ist heute noch Ziel für Pilger. Zum Patroziniumsfest am 21. Juni findet alljährlich eine traditionelle Fußwallfahrt statt. Von St. Alban nach Dießen ist es nur noch ein Katzensprung, und doch liegen Welten dazwischen. Während man vor der Kirche von St. Alban den See fast noch allein in aller Seelenruhe genießen kann, taucht man in Dießen ein in die Touristenschar, die auf der Uferpromenade flaniert oder sich auf den Bänken mit Blick über den Ammersee erholt.

Am Ammersee-Westufer gibt es – wie hier in Stegen – viele beschauliche Plätze zum Erholen und Genießen.

■ **Museum Künstlerhaus Gasteiger**
Eduard-Thöny-Str. 43, 86919 Holzhausen, Tel. 0 88 06/26 82.
Öffnungszeiten: 1. April bis 31. Oktober sonntags von 14 bis 17 Uhr.

32 Rundgang durch Dießen

Wissenswertes

■ **Pavillon am See**, Seestr. 1, 89611 Dießen, Tel. 0 88 07/ 84 00, www.diessen.net/adk. Öffnungszeiten: April bis Oktober Dienstag bis Freitag von 10 bis 12.30 Uhr und von 14 bis 17 Uhr, montags von 14 bis 17 Uhr, an Wochenenden von 11 bis 17.30 Uhr.
■ **Fritz-Winter-Atelier**, Forstanger 15a, 89611 Dießen, Tel. 0 88 07/45 59. Öffnungszeiten: Mittwoch bis Samstag von 14 bis 18 Uhr, Sonntag von 11 bis 18 Uhr oder nach Vereinbarung.
■ **Carl-Orff-Museum**, Rinkhof, Hofmark 3, 89611 Dießen, Tel. 0 88 07/9 19 81. Öffnungszeiten: Samstag und Sonntag von 14 bis 17 Uhr oder nach telefonischer Vereinbarung (Tel. 0 88 07/15 83).

Untrennbar mit Dießen verbunden sind die Fischer. An die Tradition der Fischerei erinnert jedes Jahr das Fischerstechen.

In dem Ort mit seiner schönen Barockkirche hat sich eine kreative Kunstszene entwickelt. Höhepunkte sind dabei der jährliche Töpfer- und Kunsthandwerkermarkt.

Wer durch Dießen, der größten Gemeinde am Westufer des Ammersees, spaziert, wird sich auf Anhieb wohl fühlen. Zum einen lädt die ausgedehnte Strandpromenade zum Bummeln und Schauen ein, zum anderen strahlen die kleinen, alten Fischerhäuser und schmalen Gassen eine ungemein behagliche Atmosphäre aus, der sich niemand entziehen kann.

Über allem thront die ehemalige Stiftskirche Maria Himmelfahrt. Die Kirche des ehemaligen Augustiner-Chorherrenstifts wurde 1732–39 von Johann Michael Fischer (er zählt zu den größten Barockbaumeistern Altbayerns) erbaut und zählt zu den großartigsten Barockkirchen Deutschlands. Im Inneren haben sich die berühmtesten Künstler der damaligen Zeit verewigt: Der prächtige, über 20 Meter hohe Hochaltar – er ist damit einer der größten Deutschlands – stammt von François Cuvilliés, die fantastischen Deckenmalereien des so genannten »Dießener Himmels«, das die 28 Heiligen und Seligen aus dem Grafengeschlecht von Andechs darstellt, von Johann Georg Bergmüller, die Stukkaturen von den Gebrüdern Feuchtmayr und Johann Georg Üblhör aus Wessobrunn, Kanzel und Altäre von Johann Baptist Straub. Am besten wandert man auf dem Kapellenweg hinauf zur Pfarr- und Klosterkirche und entdeckt dabei auch so manche mit Lüftlmalereien verzierte Fischer- und Bürgerhäuser.

Bekannt ist Dießen aber auch durch sein Kunsthandwerk, dessen Spuren sich bis ins frühe Mittelalter zurückverfolgen lassen. Vor allem gestaltende Handwerker wie Töpfer und Zinngießer haben zu dem Ruf beigetragen. Die Arbeiten sind in Werkstätten und Ateliers zu bewundern oder auf dem traditionellen Töpfermarkt an Christi Himmelfahrt, an dem Keramikfreunde aus ganz Deutschland nach Dießen strömen. Seit 1977 findet alljährlich am 15. August beim Pavillon am See der Kunsthandwerkermarkt statt, auf dem Dießener Künstler ihre Produkte ausstellen. Dort können Interessierte in den Sommermonaten

Strandbäder

■ Strandbad St. Alban
Das großzügige Strandbad
(Tel. 0 88 07/80 04, gebührenpflichtig) ist mit seinem
parkähnlichen Areal ein
beliebter Treffpunkt für
Erholungssuchende.
■ Strandbad Riederau
Das Strandbad (Tel. 0 88 07/
46 22, gebührenpflichtig)
befindet sich zwischen
Dießen und Utting. Große
Liegewiese, der Zugang
zum See ist flach und
daher auch für Kinder gut
geeignet.
**■ Strandbad Strandhotel
Dießen** Kleines hoteleige-
nes Strandbad (Tel. 0 88 07/
9 22 20) mit Liegewiese
und Badesteg. Gegen
Gebühr auch für die
Öffentlichkeit zugänglich.

auch einen Blick in den Ausstellungspavillon werfen, der einen Ein-
blick in das kunsthandwerkliche Schaffen und die neuesten Arbeiten
der Künstler gibt. Mittlerweile präsentieren sich hier 30 Dießener
Werkstätten aus den Bereichen Holz, Glas, Keramik, Metall, Gold-
und Silberschmiede, Papier- und Buchbinderei, Textil und Zinn.
Das Ambiente lockte auch Künstler an das Ufer des Ammersees.
Sowohl Maler – Carl Spitzweg, Wilhelm Leibl, Alexander Koester,
Fritz Winter – und Schriftsteller
und Dichter wie Otto Julius
Bierbaum, Hermann Stahl und
Heinz Piontek als auch Komponisten wie Richard Trunk und
Carl Orff – an den das Carl-
Orff-Museum erinnert – weilten
hier. Galerien wie das Fritz-Win-
ter-Atelier – Fritz Winter war ein
Schüler von Paul Klee, Wassily
Kandinsky und Oskar Schlem-
mer und zählt zu den Wegberei-
tern der modernen Malerei – zeigen wechselnde Ausstellungen
namhafter Künstler.

33   Zur Erdfunkstelle in Raisting

Wissenswertes

■ **Ausgangspunkt** Dießen (544 m).

■ **Anfahrt** Mit dem Auto auf der A 96 zur Ausfahrt Oberpfaffenhofen und über Herrsching nach Dießen. Mit der S-Bahn (S 4) nach Geltendorf und mit der Bahn nach Dießen.

■ **Endpunkt** Wie Ausgangspunkt.

■ **Zeitaufwand** 4–4.30 Std.

■ **Einkehrmöglichkeiten** Gasthäuser in Dießen, Schatzberg-Alm, Gasthof Drexl in Raisting.

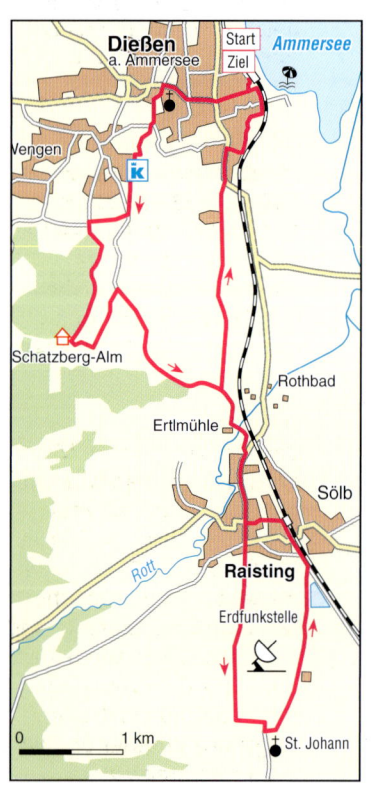

Nirgends wird der Kontrast zwischen ländlicher Idylle und Hightech so deutlich wie bei Raisting, wo die malerische Kapelle von einer Großantenne fast erdrückt wird.

Seit der Gründung des Klosters besitzt Dießen eine blühende Handwerkstradition und bis heute leben viele Kunsthandwerker in dem malerischen Ort am Ammersee. Start und Ziel dieser Wanderung – die beeindruckend den Kontrast zwischen Landwirtschaft und Technik aufzeigt – ist der Bahnhof Dießen. Von dort bummelt man erst einmal gemütlich durch den Ortskern mit seinen bunten Häusern und liebevoll dekorierten Schaufenstern. Vorbei am Rathaus und Carl-Orff-Museum geht es auf der malerischen Handwerkerstraße zum Marienmünster hinauf. Die ehemalige Klosterkirche wurde 1732-1739 von Johann Michael Fischer erbaut und zählt mit einem der größten Hochaltäre Deutschlands zu den schönsten Barockkirchen Bayerns. Bis 1803 war hier der Mittelpunkt des ehemaligen Augustiner-Chorherrenstifts Dießen. Sehenswert ist neben dem Münster die im romanischen Stil neu erbaute St. Stephanskirche. Ab hier folgt man zuerst dem mit einem gekrönten »K« markierten König-Ludwig-Weg. Besonders bei Föhn eröffnet sich nun ein herrlicher Blick auf die Alpen. Über Wiesen und an Häusern vorbei geht es in den Wald. Ein Abstecher führt auf dem Waldlehrpfad rund um den Schatzberg (677 m). Dort stand einst die Sconenburg, der Stammsitz der Grafen von Dießen. Die einstigen Wallanlagen, dazwischen ab und zu ein Tuffsteinbrocken, sind bis heute zu erkennen.

Für den Weiterweg folgt man der Ausschilderung zur Schatzbergalm, einer idyllisch gelegenen Einkehr. Mit oder ohne Unterbrechung geht es von dort in Richtung Osten bis zu einer T-Kreuzung. Nach links haltend weiter über die Landstraße, die an Heustadeln und Weiden entlang führt. Bei der nächsten Möglichkeit rechts. An der Ertlmühle vorbei wird so die Hauptstraße nach Raisting erreicht. Auf dieser in den Ort und zur Erdfunkstelle der Deutschen Telekom.

Die markanten Großantennen sind nicht zu übersehen. Der Kontrast zwischen dem Bauerndorf und den Satelliten auch nicht. Doch die heutige Technik fand in dieser Senke die ideale Lage gegen Empfangsstörungen. Die seitliche Hügelkette und

die Voralpen bzw. Alpen im Süden bilden einen optimalen, natürlichen Schutz. Insgesamt 18 Antennenschüsseln mit Spiegeldurchmessern von sieben bis 32 Metern sind in den Weltraum gerichtet um Satellitenkontakte herzustellen.

Es lohnt sich bis zur letzten Großantenne zu gehen, denn in deren Nähe steht die kleine Wallfahrtskapelle St. Johann. Allein der Anblick der kleinen Kapelle, daneben die riesige Antenne, drum herum die Felder und im Hintergrund die Alpenlandschaft, ist ein Bild voller sehenswerter Gegensätze. In der weißen auffälligen Kugel, der »Antenne Nr. 1« wird den Besuchern in einer Multivisionsshow die Anlage erklärt. Ganz in deren Nähe lädt im Sommer ein kleiner Badeweiher zur Erfrischung ein.

Den Bahngleisen folgend geht es dann zurück nach Raisting und dem kleinen Bahnhof, wo die Möglichkeit besteht, mit dem Zug nach Dießen zurückzukehren. Im Ort lohnt sich noch ein Besuch der Pfarrkirche St. Remigius, denn sie besitzt eine bemerkenswerte Rokokoausstattung. Zu Fuß geht es ansonsten wieder zurück bis zur Ertlmühle. Hinter dem kleinen Bach »Burggraben« führt rechts ein kleiner Weg nach Dießen zurück. Diesem nach Norden folgen zurück zum Ausgangspunkt. Ein Abstecher an das Seeufer von Dießen lohnt sich nicht nur wegen der schönen Aussicht. Wer einen Einblick in das Schaffen der Dießener Künstler bekommen möchte, besucht den sogenannte Kunstpavillon in den Seeanlagen.

Abschreckend und faszinierend zugleich: die mächtigen Antennen neben der malerischen Wallfahrtskapelle.

■ **Erdfunkstelle der Telekom**
Montag bis Freitag von 9 bis 12 und von 13 bis 17 Uhr, Tel. 08807/74410. Führungen (Dauer ca. 50 Min.) nur nach vorheriger Terminvereinbarung, Infos unter Tel. 0881/2691.

■ **Raisting**
Bereits 776 das erste Mal urkundlich erwähnt, zählt Raisting zu den ältesten Siedlungen im Starnberger Fünfseenland. Die Gemeinde geht auf die römische Siedlung Urusa zurück, und es wird angenommen, dass hier einst der Kreuzungspunkt der Römerstraßen Augsburg-Brenner und Salzburg-Kempten war.

34 Von Wessobrunn in den Eibenwald

Wissenswertes

■ **Ausgangspunkt** Wessobrunn (701 m).
■ **Anfahrt** Mit dem Auto auf der A 95 und A 952 nach Starnberg und auf der B 2 über Weilheim nach Wessobrunn, Parkmöglichkeit am Kloster.
■ **Endpunkt** Wie Ausgangspunkt.
■ **Zeitaufwand** 4–4.30 Std.
■ **Einkehrmöglichkeiten** Gasthäuser in Wessobrunn, Beim Bayerischen Hiasl in St. Leonhard.

Beim Kloster Wessobrunn beginnt die Rundtour.

Eine Paradetour für Kultur- und Naturfreunde führt vom mächtigen Kloster Wessobrunn zum kleinen, versteckten Eibenwald bei Paterzell.

Wessobrunn liegt auf einem Hügel südwestlich des Ammersees und ist vor allem durch das gleichnamige Kloster bekannt. Die Geschichte dieses Ortes beginnt – der Legende nach – mit der Gründung des Klosters durch Herzog Tassilo III. Dieser schlief während einer Jagd unter der nach ihm benannten Linde. Im Traum erschien ihm der Apostel Petrus, auf einer Himmelsleiter stehend, an deren Fuß drei Quellen entsprangen. Als Tassilos Jagdgefährte Wezzo am nächsten Tag die drei Quellen entdeckte, verstand der Herzog das als Zeichen. Er benannte den Ort Wessobrunn und ließ hier ein Kloster zu Ehren des Hl. Petrus errichten. Der Wahrheit näher steht allerdings die geschichtliche Überlieferung, wonach ein Angehöriger einer Rotter Adelsfamilie das Kloster gründete. Ebenso bekannt wurde der Ort durch das Wessobrunner Gebet, das älteste deutsche Sprachdenkmal mit christlichem Inhalt. 1875 wurde der Originaltext in Stein gehauen und unter der Dorflinde aufgestellt.

Die Wanderung beginnt mit einem Besuch der hinter dem Kloster emporragenden Tassilolinde, unter der Tassilo III. angeblich während der besagten Jagd schlief. Der beeindruckende Baumriese mit einem Umfang von immerhin 13 Metern ist innen völlig hohl. Weiter zu einem kleinen Bach, hinter dem Brücklein links und vorbei am 1936 erbauten Wasserwerk Wessobrunns. Weiter bergan bis zur Schmuzerstraße und dann rechts bis zur

Lohnender Aussichtspunkt vor dem Eibenwald: Blick über Paterzell.

Hauptstraße. Auf dieser links entlang und darauf rechts in die Zimmermannstraße. An der zweiten Möglichkeit nach rechts folgt man der Ausschilderung nach St. Leonhard im Forst. Dem König-Ludwig-Weg folgend geht es durch den Wald und über die so genannte Schlittbachbrücke nach Pürschlehen. Vorbei an herrlich gelegenen Gutshöfen wandert man weiter nach St. Leonhard. Bald wird das nächste Ziel erreicht: St. Leonhard im Forst. Forst erstreckt sich mit 44 Weilern bis zu den nördlichen Ausläufern des Hohenpeißenbergs. Bis heute findet um die Wallfahrtskirche am 6. November der alljährliche Leonhardiritt statt. Man nimmt sogar an, dass die Reiter früher durch die großen gegenüberliegenden Kirchentüren ritten, also quer durch die Kirche.

Weiter geht es Richtung Zellsee und dann nach rechts Richtung Templhof. Die nächste Abzweigung links, bis der Weiler Eck erreicht wird. In nördlicher Richtung auf einen Forstweg und auf diesem bis zu einer T-Kreuzung. Ein lohnender Abstecher führt rechts über die Wiese zu einem Aussichtspunkt mit Blick auf Zell- und Ammersee, ehe man weiter wandert in Richtung des Weilers Schlager. Zwischen Schlager und Schlitten führt der Weg in den Buchenwald und dann problemlos über kleine Stufen hinab nach Paterzell. Der Paterzeller Eibenwald ist seit 1939 Naturschutzgebiet. Nirgendwo sonst in Deutschland stehen so viele knorrige, jahrhunderte Jahre alte Eiben. Diese sind allerdings gar nicht so einfach zu finden. Sie verstecken sich oft unter dem schützenden Dach anderer Baumarten. Um nicht auf der Straße weiter gehen zu müssen, wählt man nach Norden den Forstweg Richtung Schönwag. Dort folgt man links 400 m der Straße und zweigt dann wieder rechts in den Forstweg ab. Bei der nächsten Möglichkeit links, um am Ende der Sackgasse rechts auf den kleinen Weg Richtung Wessobrunn, dem Ausgangspunkt abzuzweigen

■ Wessobrunn
Die Geschichte Wessobrunns beginnt im Jahre 753 mit der Gründung des Klosters. Im 17. und 18. Jahrhundert lebten in dem heutigen Dorf bedeutende Stukkatorenfamilien. Darunter finden sich Dominikus und Johann Baptist Zimmermann oder Johann Schmuzer. Deren Werke sind über die Landesgrenzen hinaus bekannt geworden.

■ Kloster Wessobrunn
Führungen vom 1. März bis 31. Oktober werktags um 10, 15 und 16 Uhr, im Winter werktags um 15 Uhr, an Wochenenden um 15 und 16 Uhr, montags geschlossen. Infos: Tel. 0 88 09/9 21 10. September einfach bewirtschaftet.

35 Von Weilheim nach Polling

Wissenswertes

■ **Ausgangspunkt** Weil-
heim (563 m).
■ **Anfahrt** Mit dem Auto
auf der A 95 und A 952
nach Starnberg und auf
der B2 bis vor Weilheim,
rechts ab auf die Münch-
ner Straße, wieder rechts
in die Schützenstraße und
links in die Lohgasse, wo
sich Parkmöglichkeiten
befinden. Mit der Bahn
von München nach Weil-
heim, Weilheim liegt an
der Bahnstrecke Mün-
chen–Garmisch-Parten-
kirchen.
■ **Endpunkt** Wie Aus-
gangspunkt.
■ **Zeitaufwand** 3–3.30 Std.
■ **Einkehrmöglichkeiten**
Gasthäuser in Weilheim
und Polling, Waldgast-
stätte Gögerl.

*Von der malerischen Altstadt mit ihrem gut erhaltenen
Stadtbild geht es entlang der Ammer zur großzügigen
Klosteranlage von Polling.*

Weilheim zählt zwar bereits zum Pfaffenwinkel, doch dem zwischen
Starnberger See und Ammersee gelegenen Handelszentrum sollte
man auf jeden Fall einen Besuch abstatten. Das gut erhaltene histori-
sche Stadtbild und die vielen Sehenswürdigkeiten sind Grund genug.
Das Zentrum der Stadt hat sich bis heute in seinen Grundrissen und
Häuseraufbauten nur wenig verändert und wird daher geprägt von
Gebäuden aus dem späten Mittelalter und der Barockzeit. Mittel-
punkt ist der zur Fußgängerzone ausgebaute Marienplatz. In aller
Ruhe kann hier nicht nur gebummelt, sondern gleichzeitig Kulturel-
les besichtigt werden.

Das Wahrzeichen der Stadt, die Pfarrkirche Mariä Himmelfahrt,
wurde im 17. Jahrhundert vom Wessobrunner Baumeister Georg
Praun und dem Stukkateur Jörg Schmuzer neu errichtet. Neben der
Kirche steht das 1435 erbaute alte Rathaus, in dem sich mittlerweile
das Stadtmuseum befindet. Mitten auf dem Platz ragt die Mariensäu-
le in den Himmel. Sie wurde 1698 vom Weilheimer Künstler Ignaz
Degler zum Schutz der Stadt geschaffen. Der nebenan sprudelnde
Stadtbrunnen stand früher im Kloster Stein- gaden. Eingerahmt
wurde die Stadt von einer über einen Kilometer langen Stadtmauer,
die teilweise bis heute erhalten geblieben ist.

Weilheim

1988 feierte Weilheim sein
750-jähriges Bestehen als
Stadt. 1010 wurde die
Stadt das erstemal schrift-
lich erwähnt und 1238
als Stadt beurkundet.
Weilheim besitzt zahl-
reiche Sportstätten und ist
ein guter Ausgangspunkt
für Wander- und Radtou-
ren ins Alpenvorland.

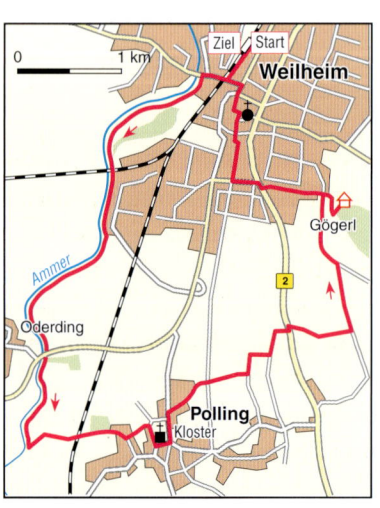

Ein abwechslungsreicher Rundweg führt von der Stadt hinaus
ins Grüne zu der Klosteranlage
in Polling. Das Ostufer der
Ammer weist den Weg. »Gegen
den Strom« geht es mit Blick auf
den Hohenpeißenberg Rich-
tung Süden. Bei guter Sicht ist
das Wettersteingebirge mit Zug-
und Alpspitze zum Greifen nah
und umrahmt das immer näher
rückende Polling. An Oderding
vorbei, unter der Straße Richtung Peißenberg hindurch und

entlang der Ammer bis zu einer kleinen Straße, auf der man Polling mit seiner großzügig angelegten Klosteranlage erreicht.

Das Kloster wurde um 750 durch Herzog Tassilo III. gegründet und besitzt einen prächtig restaurierten Bibliothekssaal, der für Konzerte genutzt wird. Während der Säkularisation 1803 wurden von den 80.000 Büchern der klösterlichen Bibliothek über 50.000 eingestampft und vernichtet. Der Rest wurde nach München gebracht.

In der Klosteranlage herrscht ein fröhliches Miteinander von Kunst, Kultur und Christentum, denn in ihr sind unter anderem das Rathaus, der »Klosterbäck«, eine Drechslerei und das Heimatmuseum untergebracht. In dem liebevoll eingerichteten Museum sind Objekte aus den verschiedensten Epochen heimatlicher Kulturgeschichte zu sehen. Auch der Friedhof und die Stiftskirche Hl. Kreuz sind einen Besuch wert. In der Kirche befindet sich das sagenumwobene »Tassilo-Kreuz«, eine mit der Christusfigur bemalte Pferdehaut.

Nach dem Klosterrundgang folgt man der Weilheimer Straße bis zum Gasthof Neuwirt, um dort in den Prälatenweg abzubiegen. Der Weg wurde früher von den Prälaten, Äbten und Pröbsten aus den Pfaffenwinkelklöstern als Straßenverbindung nach Weilheim genutzt. Wer es eilig hat, tut es diesen gleich und wandert der Markierung folgend geradewegs wieder zurück nach Weilheim. Ansonsten lässt man den Weg »links liegen« und geht auf der kleinen Teerstraße weiter geradeaus in Richtung der Bundesstraße B2, bis diese überquert wird. Fast gegenüber führt eine Landstraße weiter bergan. Mit einem schönen Blick auf Weilheim geht man an der folgenden Kreuzung links. Bald ist das nächste Ziel in Sicht: die aussichtsreich gelegene Waldgaststätte Gögerl mit ihrem urigen Biergarten. Nachdem der Durst gestillt ist, geht es zurück nach Weilheim.

Blickfang über Polling mit seinem Kloster ist der grüne Rücken des Hohenpeißenbergs.

■ Polling

Mehrere Funde deuten darauf hin, dass bereits in prähistorischer Zeit eine Siedlung von Steinzeitmenschen am Jakobsee bestand. Durch die Klostergründung des Bayernherzogs Tassilo III. gewann der Ort an Bedeutung. Das stilvoll restaurierte Klosterdorf besitzt neben einem reichhaltigen kulturellen Angebot einen großen Freizeitwert. Öffnungszeiten: Heimatmuseum Polling am Sonntag von 9.30 bis 12 Uhr; der Bibliothekssaal kann nach Voranmeldung bei Dr. E. Wittermann (Tel. 08 81/36 67) oder Dipl.-Ing. M. Wittermann (Tel. 08 81/6 11 30) besichtigt werden.

36 Rundwege um Pähl

Wissenswertes

■ **Ausgangspunkt** Pähl (590 m).
■ **Anfahrt** Mit dem Auto auf der A 95 und A 952 nach Starnberg und den Wegweisern Weilheim (B2) folgend zur Abzweigung nach Pähl, im Ort auf die Kirchstraße, rechts abzweigen in die Hesseloherstraße und auf der weiterführenden Straße »Am Gasteig« den Berg hinauf bis zum Wanderparkplatz.
■ **Endpunkt** Wie Ausgangspunkt.
■ **Zeitaufwand** 2 Std. (Kerschlach), 1.30–2 Std. (Pähler Schlucht)
■ **Einkehrmöglichkeiten** Gasthäuser in Pähl.

Im »Schatten« eines schön gelegenen Golfplatzes gibt es für Wanderer viel zu entdecken. Besonders eindrucksvoll ist der Wasserfall in der Pähler Schlucht.

Bereits im Mittelalter wussten die Adligen, wo die schönsten Wohnlagen zu finden sind. Etwa in Pähl, einem idyllischen Ort am Ostrand des einstigen Ammerseebeckens. Das Hochschloss, das in traumhafter Lage über dem Ort thront, war ihr Adelssitz. Das alte Schloss wurde im 19. Jahrhundert durch den bis heute erhaltenen neugotischen Bau ersetzt. Mittlerweile befindet es sich in Privatbesitz und kann leider nicht besichtigt werden.

Einst gab es sogar drei Schlösser in dem Ort. Unterhalb des Hochschlosses stand das »Mittlere Schloss«, das 1633 von den Schweden zerstört wurde. Aus dem 16. Jahrhundert stammt das »Untere Schloss«, das sich gegenüber dem alten Gasthof befindet, allerdings in Privatbesitz ist. Öffentlich zugänglich ist dagegen die Pfarrkirche St. Laurentius, deren Geschichte bis ins Jahr 1159 zurückreicht. Im 18. Jahrhundert wurde sie nach Plänen von Joseph Schmuzer umgebaut. Im restaurierten Innenraum kann Wessobrunner Stuck und Malerei bewundert werden.

Der Wanderparkplatz beim Golfclub »Hohenpähl« ist ein schöner Ausgangspunkt für zwei kleinere Runden, die sich sehr schön zu einer abwechslungsreichen Wanderung verbinden lassen. Das Schwierige daran ist allerdings die Entscheidung: zuerst in die Pähler Schlucht oder doch lieber zuerst zum Biohof Kerschlach? Im Hinblick auf die schönen Einkehrmöglichkeiten in Pähl soll allerdings der Kerschlachrunde der Vorzug gegeben werden.

Vom Parkplatz aus geht es daher vorbei an der Driving Range des Golfclubs, bis eine Beschilderung nach Kerschlach weist. Die Markierungen »8« und »X5« weisen den Weg. Der neuerbaute Biohof ist eine Attraktion. Neben einer hofeigenen Metzgerei und Käserei werden im Hofladen die hauseigenen Produkte direkt vermarktet. Die Tiere können aus allernächster Nähe angeschaut werden. Und neben dem Milchvieh gibt es hier noch vieles mehr zum Betrachten und Staunen. Zurück wandert man am besten in einem großen Bogen durch den Kerschlacher Forst. Erst ein kurzes Stück Richtung Machtl-

fing, dann im Wald der Markierung »X6« folgend ein Stück Richtung Andechs, bis man auf die Wegweiser nach Pähl trifft, die einen südwärts, vorbei am moorigen Gewässer des Hochschloss-Weihers wieder zum Golfplatz, zum Wanderparkplatz und zum Ausgangspunkt für die zweite Runde bringen.

Am Ende der Pähler Schlucht stürzt ein kleiner Wasserfall über eine mehrere Meter hohe Felsstufe.

Am Ende des Parkplatzes, direkt vor dem Hochschloss, führt an einem Gedenkkreuz rechts ein Fußweg bergab. Unterhalb des Schlossareals quert man den Hang und spaziert durch den malerischen Wald zu den Nagelfluhfelsen der Pähler Schlucht. Dem Weg folgend immer weiter taleinwärts bis zum Bach und dem Wasserlauf folgend bis zum abrupten Ende der Schlucht. Senkrechte bis überhängende Nagelfluhfelsen umgeben den Kessel, in den der unscheinbare Bach als tosender Wasserfall von oben herabstürzt.

Schloss Pähl ist in Privatbesitz und kann leider nicht besichtigt werden.

Für den Rückweg wählt man dann die andere Bachseite. Leicht ansteigend wird die Schlucht wieder verlassen und der zur Hirschbergalm führende Weg angetroffen. Diesen entweder links hinauf zur Einkehr oder aber auf direktem Wege rechts hinab nach Pähl.

Der herrliche Ausblick ins ehemalige Ammerseebecken und auf die Alpen ist ein Genuss. Neben den Einkehrmöglichkeiten sollte im Ort dann auf alle Fälle noch ein Abstecher zur Pfarrkirche St. Laurentius eingeplant werden. An dieser vorbei geht es dann wieder zurück zum Ausgangspunkt, dem Wanderparkplatz.

37 Rundgang durch Herrsching

■ **Herrsching**
Der Ort liegt an der östlichen Ausbuchtung des Ammersees und ist im Laufe seiner Geschichte aus zwei Ortsteilen zusammengewachsen. Zum einen gab es die zum See hin gelegene ehemalige »Fischersiedlung« bei der Kirche St. Nikolaus (erstmals 1216 genannt). Zum anderen die Siedlung um die Kirche St. Martin (1065) am Kienbach. Trotz der baulichen Entwicklung in den letzten hundert Jahren sind die unterschiedlichen Grundstrukturen bis heute zu erkennen.

■ **Archäologischer Park**
Öffnungszeiten: sonntags von 10 bis 12 Uhr, Tel. 0 81 52/52 27.

Die längste Seeuferpromenade Deutschlands lockt zahlreiche Besucher an den Hauptort des Ammersees, der malerisch in einer schönen Bucht liegt.

Bis vor gut hundert Jahren war Herrsching ein bescheidenes Fischerdorf mit gerade einmal 400 Einwohnern. Heute hat sich das Bild gänzlich gewandelt, wie Starnberg für den Starnberger See ist Herrsching für den Ammersee das touristische Zentrum – und ein beliebter Wohnort. An schönen Sonnentagen ist auf der Uferpromenade – laut Werbeprospekt handelt es sich bei dem acht Kilometer langen Uferweg um die längste Seepromenade Deutschlands – fast kein Durchkommen mehr, die Stege der Ammersee-Schifffahrt biegen sich unter der Last der Wartenden. So viel Interesse ist gut nachvollziehbar: Herrsching liegt in einer wunderschönen Bucht, und ein Uferspaziergang vermittelt beinahe ein Südsee-Flair. Gemütlich flanieren, entspannt rasten, die wärmenden Sonnenstrahlen genießen und dabei den Wellen zuschauen – Herrsching bietet einen Hauch von Riviera vor den Toren Münchens. Und das auf dem 48. Grad nördlicher Breite, wie eine Hinweistafel am Rathaus verkündet.

Erstmals urkundlich erwähnt wurde Herrsching 776 n. Chr. Doch besiedelt war das Gebiet schon lange vor Christi Geburt, bereits die Kelten und später die Römer schätzten die Lage am Ammersee. Bei Arbeiten am Friedhof und anschließenden archäologischen Grabungen stieß man auf ein Tuffplattengrab eines frühmittelalterlichen Friedhofs aus dem 7. Jahrhundert und auf die Fundamente einer Kirche. Die rekonstruierte frühchristliche Adelskirche bildet heute den Kern des Archäologischen Parks Herrsching, der in einem Museum unter anderem die mehrteilige Gürtelgarnitur und den Waffensatz eines hochgestellten Bajuwaren zeigt.

Das Wahrzeichen von Herrsching ist die 1065 erstmals erwähnte Martinskirche, die heutige Pfarrkirche St. Nikolaus wurde erstmals 1216 urkundlich genannt. Das Interesse der Gäste gilt aber vielmehr dem Uferbereich mit dem breiten Spazierweg. Fürs leibliche Wohl ist bestens gesorgt, neben der Schiffsanlegestelle befindet sich direkt am Ufer ein großer Biergarten, und wer hier keinen Platz mehr findet, braucht nur ein paar Meter weiter zu laufen. Mehrere Restaurants und Eiscafés haben sich in Herrsching auf den Gästeansturm eingestellt. Gleich hinter dem Biergarten steht inmitten stattlicher Bäume das

romantische Kurparkschlösschen mit seinen Türmchen und Erkern, in dem wechselnde Ausstellungen zu sehen sind. Die Villa wurde 1888/ 89 nach den Plänen des Malers Ludwig Scheuermann gebaut und entwickelte sich zu einem bevorzugten Treffpunkt vieler Künstler. Ein beliebtes Fotomotiv, nicht nur, wenn wieder ein frisch vermähltes Ehepaar, das sich in dem stimmungsvollen Trauungszimmer das Ja-Wort gab, aus der Tür tritt.

Bild oben: Ein schöner Ort für Trauungen: das Kurparkschlösschen.

Bild unten: Die Martinskirche ist das Wahrzeichen von Herrsching.

Mit jedem Meter Richtung Norden werden die Leute weniger, man hat wieder Platz und kann in aller Ruhe weiterspazieren. Ein Fußweg führt immer am Seeufer entlang zu einer vorspringenden Landzunge nordwestlich von Herrsching. Von hier hat man einen besonders schönen Blick auf den See und auf den Ort. Sogar der Kirchturm von Kloster Andechs spitzt über den dichten Waldgürtel, der Herrsching im Rücken umgibt.

38

Von Herrsching nach Andechs

Wissenswertes

■ **Ausgangspunkt** Herrsching (547 m).
■ **Anfahrt** Mit dem Auto über die A 96 entweder zur Ausfahrt Oberpfaffenhofen und über Weßling und Seefeld nach Herrsching oder über die A96 weiter zur Ausfahrt Inning a. Ammersee; mit der S-Bahn (S 5) nach Herrsching.
■ **Endpunkt** Wie Ausgangspunkt.
■ **Zeitaufwand** 2–2.30 Std.
■ **Einkehrmöglichkeiten** Gasthäuser in Herrsching und Erling, Andechs.

Viele Wege führen auf den »Heiligen Berg«, am schönsten ist die Route von Herrsching über die Erlinger Höhe.

Den Genuss des Klosterbiers muss man sich verdienen, am besten auf einer schönen Wanderung von Herrsching hinauf auf den »Heiligen Berg«.

Die meisten Besucher erklimmen den »Heiligen Berg« nicht nur wegen seines Benediktinerklosters, sondern auch aufgrund des guten »Gerstensaftes«, der dort oben seit dem 15. Jahrhundert gebraut wird. So lassen es sich viele Pilger nach Besichtigung der heiligen Kapelle und des Reliquienschatzes nicht nehmen, ihre Wallfahrt mit einer kühlen Maß ausklingen zu lassen. Neben der Kultur und den bayerischen Schmankerln gibt es aber noch ein weiteres i-Tüpferl. Ein abwechslungsreicher Rundweg über die Erlinger Höhe und durch das Kiental lässt keine Wünsche offen.

Die Wanderung beginnt – natürlich mit einer kräftigen Brotzeit im Rucksack – am Herrschinger Bahnhof. Durch den Ort Richtung Osten bis zu der Kirche St. Martin, dem Wahrzeichen von Herrsching. Malerisch liegt sie auf einem Hügel, der vom Kienbach umflossen wird. Vor der Kirche geht es rechts, und man erreicht durch das Wohngebiet auf der Leitenhöhe einen Schotterweg, der links weiterführt. Mit Blick auf den Ammersee geht es kurz darauf wieder links auf die Erlinger Höhe. Der Weg durch den Buchenwald wird im Volksmund auch »Wurzelweg« genannt. Bei Nässe sollte man da durchaus ein wenig aufpassen, um nicht auf einer dieser heimtückischen Wurzeln auszurutschen. Vor allem im Frühjahr und Herbst ist dieses Stück Weg eine Pracht. Da entfalten die Bäume ihre ganze Schönheit aus saftigem Grün oder bunten Blättern. Linker Hand führt ein Abzweig zu einer freien Wiesenfläche. Der erste Anstieg ist geschafft, und das Ziel, der Turm des Klosters Andechs, ist von hier aus bereits zu sehen. Wer durstig ist, erhöht das Tempo. Die ersten Häuser Erlings

werden erreicht, und man folgt der Beschilderung nach Andechs. Hinunter in den Taleinschnitt des Kientals, wo am kleinen Kienbach der Endspurt beginnt. Über Treppen hinauf zu einem kleinen Pfad, der nach links an einer Weide entlangführt. Abermals über Treppen wird die Klosterkirche Andechs erreicht.

Bereits im 10. Jahrhundert war dieser Berg das Ziel von Pilgern. Ein Ahnherr der Andechser – der heilige Rasso – soll Reliquien aus dem Heiligen Land auf den »Heiligen Berg« gebracht haben. Ebenfalls auf diese Zeit gehen die Anfänge des heutigen Bräustüberls zurück. Damals im Hochmittelalter war das Sudhaus in der Burg Teil der Küche. So konnten die Pilger zu den mitgebrachten Speisen mit einem nahrhaften Getränk versorgt werden. Bis heute wird das Bier vor Ort gebraut, und jeder Besucher bedient sich an den Theken selbst. In urig bayerischer Atmosphäre – und dazu gehört auch, dass die Luft machmal zum Schneiden ist – wird dann gemütlich Rast eingelegt. Wer Sauerstoff braucht, sucht sich einen Platz auf der Terrasse und genießt die Aussicht – wer richtig sitzt, der sieht sogar bis zu den Bergen. Nach einer Klosterbesichtigung und anschließender Brotzeit tritt man frisch gestärkt den Rückweg an. Gemütlich geht es wieder hinunter zum Kienbach. Dessen Verlauf durch das Kiental folgend geht es immer leicht bergab zurück nach Herrsching. Bei der Kirche St. Martin schließt sich der Rundweg. Wer noch Zeit hat, geht am Bahnhof vorbei, schlendert vor zum Ammersee und flaniert zum Ausklang auf der schönen Uferpromenade.

Blick auf den »Heiligen Berg« von Kloster Andechs.

■ Lehrpfad
Vom Großparkplatz beim Kloster erreicht man einen landeskulturellen Lehrpfad mit Informationen über die Geschichte, Entwicklung und Entstehung der Landschaft. Zuerst entlang eines Kreuzweges, dann führt der Weg rund um die Birkenmoosäcker mit herrlichem Blick auf den »Heiligen Berg«.

39 Von Andechs zur Ilkahöhe

Wissenswertes

■ **Ausgangspunkt** Erling (669 m).

■ **Anfahrt** Mit dem Auto entweder auf der A 95 und A 952 nach Starnberg und über Perchting nach Erling und zum Parkplatz an der Straße nach Fischen oder zum Parkplatz unter dem Kloster Andechs oder auf der A 96 zur Ausfahrt Oberpfaffenhofen und über Weßling, Seefeld und Widdersberg nach Andechs. Mit der S-Bahn (S 5) nach Herrsching und mit dem Fahrrad durch das Kiental nach Erling.

■ **Zeitaufwand** 2.30–3.30 Std. (mit dem Fahrrad).

■ **Einkehrmöglichkeiten** Kloster Andechs, Gasthäuser in Erling, Forsthaus Ilkahöhe.

Die traumhafte Radlrunde führt von der beliebtesten Einkehr zum schönsten Aussichtspunkt des Fünfseenlandes, vom Ammersee zum Starnberger See.

Wer die sanfte Hochfläche zwischen Ammersee und Starnberger See durchqueren möchte, sollte dies besser mit dem Fahrrad tun, zum Laufen sind die Distanzen zu groß. Es gibt viele traumhafte, kleine Straßen mit wenig Verkehr. Entsprechend vielfältig sind die Möglichkeiten, so dass die hier vorgeschlagene Runde gut und gerne um den einen oder anderen Abstecher ergänzt werden kann.

Vom Parkplatz beim Kloster Andechs, der in den frühen Morgenstunden noch angenehm leer ist, geht es leicht abfallend nach Erling und wenige Meter bergauf Richtung Ammersee. Ein leichter Geländerücken verläuft hier in Nord-Süd-Richtung parallel zum Ammersee

und ermöglicht so eine traumhafte Radltour mit Panoramablick. Nur wenige Meter folgt man der Straße nach Fischen, ehe links der Höhenweg abzweigt. Der angenehme Weg – ausgeschildert als König-Ludwig-Weg –, auf dem auch viele Fußgänger unterwegs sind, führt teilweise durch dichten Mischwald, dann wieder über freie Wiesen, die einen ungehinderten Blick zum Ammersee erlauben. An der Hartkapelle vorbei erreicht man den malerischen Hochschloss-Weiher und gleich

dahinter den gepflegten Golfplatz von Pähl. Die Straße führt durch das weitläufige Gelände bis an den Rand der kleinen Pähler Schlucht, die bekannt ist für ihren kleinen Wasserfall. Vom Parkplatz beim Hochschloss führt ein schmaler Steig hinein in das schattige Tal mit seinem Bach und dem kleinen Wasserfall am Ende, von oben ist leider nur ein grünes Blätterdach zu sehen, unter dem man die Schönheiten der Pähler Schlucht nur erahnen kann.

Schon die Römer kannten den Deixlfurter See, der an heißen Tagen zu einem Sprung ins erfrischende Nass einlädt.

Vom Kloster Andechs bis Pähl führte die Strecke grob gesagt immer in südlicher Richtung, ab Pähl bis zur Ilkahöhe geht es gegen Richtung Ost, allerdings nicht ohne einen kurzen Schlenker zum Gutshof Kerschlach einzubauen. Auf dem einstigen Klostergut wird seit Jahren ökologisch gewirtschaftet, die Produkte sind im Hofladen zu kaufen. Weiter geht es auf guten Forststraßen auf schnellstem Wege zur Ilkahöhe, einem der schönsten Aussichtspunkte im Fünfseenland. Ein Platz zum Verweilen und Schauen, ehe man weiterfährt zum Deixlfurter See. Die kleine Seenplatte kannten bereits die Römer, wie die Reste eines Gutshofes zeigten. Die weitläufigen Wiesen nördlich des Gewässers werden als Golfplatz genutzt.

Über Traubing und Machtlfing, vorbei an der etwas erhöht stehenden Wallfahrtskapelle St. Stephan, führt die Runde zurück nach Andechs, und dort hat man sich die Einkehr jetzt wirklich verdient. Wer genügend Zeit mitbringt, sollte sich allerdings noch die Kirchen am Weg anschauen. Etwa die spätbarocke Kirche Mariä Geburt in Traubing. Auf die reich geschmückte Rokokokanzel führt von der Sakristei eine Wendeltreppe, die früher im Hotel Strauch stand und über die Kaiserin Elisabeth bei ihren Aufenthalten dort wohl unzählige Male ging. Und in Machtlfing steht eine kleine Marienkirche. Sehenswert ist – neben dem barocken Hochaltar mit einer gotischen Madonna – die vom Triumphbogen herabhängende Madonna im Rosenkranz.

Auf dem Höhenrücken zwischen Andechs und Pähl.

40 Zwischen Stegen und Herrsching

Wissenswertes

■ **Ausgangspunkt** Stegen (540 m).
■ **Anfahrt** Mit dem Auto auf der A 96 zur Ausfahrt Inning a. Ammersee und nach Stegen. Mit der S-Bahn (S 5) nach Herrsching und mit dem Schiff nach Stegen.
■ **Endpunkt** Herrsching, mit dem Schiff zurück nach Stegen.
■ **Zeitaufwand** 3–4 Std.
■ **Einkehrmöglichkeiten** Gasthäuser in Stegen und Herrsching.

Über traumhafte Pfade am Ammerseeufer und einsame Wege auf aussichtsreiche Höhen nach Herrsching, zur längsten Uferpromenade Deutschlands.

Herrlich verschwiegene Pfade über dem Ufer des Ammersees, abwechslungsreiche Wegstücke auf dem Höhenrücken zwischen Ammer- und Wörthsee und zuletzt der traumhafte Blick hinunter auf Herrsching und hinüber auf den Kirchturm von Andechs, der gerade so über die Bäume spitzt: Wer von Stegen nach Herrsching wandert, bekommt viel zu sehen.

Vom großen Parkplatz in Stegen, gleich neben dem malerisch gelegenen Gasthof Schreyegg mit seinem wundervollen Biergarten direkt am Ufer des Ammersees, beginnt die Wanderung. An den großzügigen Liegewiesen vorbei erreicht man einen wundervollen Pfad, der wenige Meter über dem glitzernden Wasser durch den schönen Mischwald führt. In leichtem Auf und Ab folgt man dem Hochufer, lediglich das Gelände des Segelclubs Inning muss in einem Bogen umgangen werden, bis man kurz vor Buch endgültig den schmalen Uferstreifen erreicht. Hinter hohen Hecken und Zäunen verstecken sich verschwiegene Häuschen, doch das Ufer mit seinem Kiesstreifen ist frei begehbar. Bis Breitbrunn folgt man dem einsamen Kiesstrand mit seinen Schilfzonen, und würde man dort nicht hinaufsteigen in den Ort, man könnte bis Herrsching immer am Wasser entlang laufen.

92

Erste Flugversuche am Jauds-
berg bei Breitbrunn. Auf dem
Höhenrücken nutzen Modell-
flugzeuge und Gleitschirm-
piloten die gute Thermik.

Von der Schiffsanlegestelle geht es hinauf nach Breitbrunn und direkt
auf den Höhenrücken des Jaudsbergs zu. Der freie Wiesenrücken
wird gerne für erste Flugversuche mit dem Gleitschirm verwendet,
auch Modellflieger nutzen die gute Thermik auf der Kammhöhe. Wer
die Freizeitsportler beobachten möchte, kann einen Abstecher auf den
Hügel unternehmen. Alle anderen zweigen gleich am Ortsende Richtung Ellwang nach rechts ab und folgen der Straße leicht ansteigend
durch den Waldgürtel zu dem kleinen Weiler.
Der Rest der Tour ist purer Genuss. In südlicher Richtung erreicht
man nach einem guten Kilometer Rausch. In einem Bogen führt die
Straße an den wenigen Häusern vorbei, ehe man in einer Linkskurve
geradeaus in einen Wiesenweg biegt und mit einem Bilderbuchblick
überrascht wird: Vor einem breitet sich die Herrschinger Bucht aus,
das blaue Wasser des Ammersees glitzert verführerisch, und dahinter
ruft der »Heilige Berg« zu einer Verlängerung der Tour.
Über die Wiesen führt der Weg in direkter Linie hinunter nach Herrsching. Die stark befahrene Straße kann bei einer Fußgängerampel
gefahrlos überquert werden und bereits wenige Meter weiter erreicht

Immer wieder ein Erlebnis –
die traumhaften Alleen.

man erneut den Ammersee. Entspannt folgt man der langen Strandpromenade, flaniert durch den Kurpark zum Kurparkschlösschen
und steht kurz darauf bei der Schiffsanlegestelle im Biergarten des
Seehofs, genau der richtige Ort, um die Wanderung gemütlich ausklingen zu lassen.

Impressum

Unser komplettes Programm:

www.j-berg-verlag.de

Lektorat: Dr. Harald Kämmerer
DTP: Werner Poll, Putzbrunn
Kartografie: Achim Norweg, München
Repro: Artilitho, Trento.
Umschlag und Herstellung: Thomas Fischer
Printed in Italy by Printer Trento S.r.l.

Haftung

Alle Angaben dieses Werkes wurden vom Autor sorgfältig recherchiert und auf den aktuellen Stand gebracht sowie vom Verlag geprüft. Für die Richtigkeit der Angaben kann jedoch keine Haftung übernommen werden. Für Hinweise und Anregungen sind wir jederzeit dankbar. Bitte richten Sie diese an:
J. Berg Verlag Produktmanagement
Postfach 800240
D-81673 München
E-Mail: lektorat@j-berg-verlag.de

Bildnachweis

Heinrich Bauregger 11, 15 (o), 71 (2x); Birgit Gelder 27 (2x), 31 (2x), 57 (o), 79, 81 (2x), 73, 85 (u), 87 (u); Ralf Gerard 4 (u), 29, 35, 37; Ruth Hansen 23, 25 (o), 28, 39 (o), 91 (o); Stefan Herbke 2 (2x), 4 (o), 5 (u), 6/7, 12, 13 (2x), 15 (u), 17 (2x), 18, 19, 20, 21, 25 (u), 33 (u), 39 (u), 41 (2x), 43 (o), 44, 45, 46/47, 48, 49, 50, 51, 53 (2x), 55 (2x), 57 (u), 58, 59, 60, 61 (2x), 62, 63, 64/65, 67 (2x), 68, 74, 75, 77 (2x), 85 (o), 87 (o), 88, 89 (o), 91 (u), 93 (2x); Gunther Intelmann 10; Jürgen Lehr 3, 5 (o), 37 (u), 73 (2x), 76; Kurt Schubert 9, 33 (o), 43 (u), 69.
Titelbild: Blick auf die Roseninsel im Starnberger See (Tourismusverband Starnberger Fünf-Seen-Land).
Umschlagrückseite: Panoramablick von der Ilkahöhe (Birgit Gelder).

Die Deutsche Bibliothek – CIP Einheitsaufnahme
Ein Titelsatz für diese Publikation ist bei Der Deutschen Bibliothek erhältlich.